Karlfried Graf Dürckheim

meditieren – wozu und wie

Karlfried Graf Dürckheim

meditieren wozu und wie

Die Wende zum Initiatischen

Herder Freiburg · Basel · Wien

ELFTE AUFLAGE

Umschlagfoto: Bavaria-Verlag

Herstellung: Freiburger Graphische Betriebe 1991
ISBN 3-451-17606-8

MARIA HIPPIUS
der Gefährtin auf dem Weg

Dr. Maria Hippius promovierte 1932 am Psychologischen Institut der Universität Leipzig mit einer Arbeit über den „Graphischen Ausdruck von Gefühlen".

Sie hat entscheidenden Anteil an der 1948 begonnen Entwicklung der Existential-Psychologischen Bildungs- und Begegnungsstätte, Schule für Initiatische Therapie, Todtmoos-Rütte.

Das vorliegende Buch spricht vom Wozu und Wie des meditativen Übens und meditativen Lebens in dem Sinne, wie es, wesentlich von dieser Zusammenarbeit befruchtet, seit zwei Jahrzehnten in Rütte gelehrt wird.

Vorwort

Dieses Buch kreist auf schmalem Pfad um eine einzige Frage: die Frage nach dem Zugang zu jener Erfahrung überweltlichen, göttlichen Seins, die aller lebendigen Religiosität zugrundeliegt und ohne die das Leben jeder Religion stirbt. Über und unter, rechts und links von diesem Pfad sind Berge von Problemen und Abgründe ungelöster Fragen allgemeinmenschlicher, psychologischer, theologischer Natur, auf die nicht eingegangen wird. Es geht einzig um den Zugang zur *Erfahrung* des ganz Anderen: der Transzendenz, und zwar der uns immanenten Transzendenz, und um eine *Verwandlung*, die der Sinn dieser Erfahrung ist: als Verheißung und Auftrag.

So wird dieses Buch notwendigerweise nur von dem kleinen Kreis derer aufgenommen werden können, die von diesem ganz Anderen berührt wurden, sei es in einer Großen Erfahrung, sei es in einer kleinen Seinsfühlung, sei es auch nur als Ahnung oder Sehnsucht.

Todtmoos-Rütte, März 1976

Karlfried Graf Dürckheim

Inhalt

Erster Teil
meditieren – wozu

Erster Teil
meditieren – wozu?

Erstes Kapitel

Von der Neuzeit in die Neue Zeit

1. Die existentielle Not

Im Ruf nach Meditation meldet sich ein dreifaches Problem: ein universales, ein zeitgeschichtliches und ein jeweils persönliches.

Das universale Problem betrifft eine Not, die im Menschen entsteht, wo immer seine Vollendung zur weltangepaßten Persönlichkeit seinem wahren Wesen zur Sackgasse geworden ist.

Das zeitgeschichtliche Problem kommt aus der Not unserer Zeit. Wenn, wie es heute der Fall ist, das ganze Leben sich nur noch an dem orientiert, was rational erkennbar, technisch und organisatorisch zu meistern und moralisch festgelegt ist, dann gerät der Mensch in seinem rational nicht faßbaren Kern und als schöpferische Individualität in eine existentielle Not.

Das jeweils persönliche Problem entsteht, wo ein Mensch auf eine bestimmte Stufe personaler Entwicklung gelangt ist. Gemeint ist die Stufe, auf der er entdeckt, daß seine totale Befangenheit im raumzeitlich bedingten Leben das Gestaltwerden seines überraumzeitlichen, unbedingten Wesens verhindert. Hier werden das universale und das zeitgeschichtliche Problem zur personalen Not.

Der Ruf nach Meditation ist der Ruf nach einer Not-

Wende aus dieser dreifachen Not. So verstanden wäre Meditieren ein Weg zur Befreiung von dieser Not. Das universale Problem berührt heute in seiner zeitgeschichtlichen Bedingtheit jedoch nur die, die zur Erfahrung der Not aus dem Wesen herangereift sind. Das ist gewiß nur ein kleiner Teil der Menschheit.

Die Frucht aller meditativen Arbeit kann nur reifen, wenn der Übende zwei Fragen zu beantworten weiß: Wozu? und: Wie? Er muß sich über den Sinn seines Meditierens nicht nur grundsätzlich klar sein, sondern sich diesen Sinn täglich neu bewußt machen. Und er muß in einem Üben ohne Unterlaß schließlich eine Technik beherrschen, die ihm zur zweiten Natur wird und ihn begleitet wie sein Atem.

MEDITIEREN: ÜBEN OHNE UNTERLASS

2. *Meditieren: Initiatische Übung*

Meditation! Unter dieser Überschrift wird vielerlei verstanden und geübt. Da gibt es Übungen der Stille und zum Stillwerden; Meditation als Mittel zur Verinnerlichung durch Versenkungsübungen, als Weg zum Eindringen in den tiefen Gehalt eines heiligen Bildes oder Wortes; Meditation auch zur Belebung und Erneuerung des traditionellen Glaubens. Das alles hat seinen guten Sinn. Aber meditieren kann und muß noch etwas ganz anderes bedeuten: Instrument zu sein des Durchbruchs zum Wesen! Dann bedeutet Meditation eine initiatische Übung.

Initiare meint: das Tor zum Geheimen[1] öffnen. Das Geheime, das sind wir selbst im WESEN. Das WESEN ist die Weise, in der in uns und allen Dingen das überweltliche, göttliche LEBEN anwest und in uns und durch uns Gestalt gewinnen möchte in der Welt. Das Wesen ist keine bloße Idee, kein bloßer Gegenstand frommen Glaubens, kein Produkt frommer Phantasie, sondern Inhalt einer Erfahrung, und zwar einer Erfahrung, die nicht nur empirische Valenz, sondern Offenbarungscharakter hat.

Das Wesen, mit dem eins zu werden der Sinn des initiatischen Übens und Lebens ist, ist nicht etwas, das man finden könnte wie ein Ding. Es ist wie alle Transzendenz jenseits des Faßbaren. Obwohl der Mensch Erfahrungen macht, deren überweltlicher Charakter und verwandelnde Kraft auf etwas hinweist, das wir das Wesen nennen – es selbst bleibt im Geheimnis, im Geheimnis, das sich völlig zurückzieht und stumm wird, wenn man es fassen will. Jeder echte religiöse Glaube ist eine Verfassung der Hingabe des Gemütes, darin die Geheimnisse sprechen, weil man sie nicht lüftet. Einswerdung mit dem Wesen ist die Einswerdung mit dem Geheimnis. Erst der Mensch, der es ertragen kann, daß die Welt, in der er lebt, in einer Nacht seines Bewußtseins entschwindet, hat die Chance, vom Licht des Großen Geheimnisses getroffen zu werden. Der Weg über die Schwelle dieser Erfahrung ist weit, darüber dürfen auch nicht jene Seinsfühlungen und Seinserfahrungen hinwegtäuschen, deren Gewalt das Leben des Menschen erschüttert und vorübergehend verwandelt. Sie sind doch erst ein kleiner Schritt auf dem Großen Wege.

Meditieren als initiatische Übung, als Übung zum Durchbruch zum Wesen und zu einem Leben, das das Wesen Gestalt werden läßt in der Welt – nur von solchem Meditieren soll hier die Rede sein. Meditieren als initiatische Übung und meditatives Leben sind die gehorsame Antwort auf das große „metanoeite“; denn metanoeite meint mehr als die Umkehr aus einem egozentrischen in ein selbstloses, Liebe bezeugendes Leben. Es meint die Befreiung aus der Befangenheit eines ausschließlich an den Nöten, Forderungen und Schönheiten der Welt orientierten Lebens in die Freiheit eines Lebens, das ausschließlich an der Manifestation des göttlichen Seins orientiert ist.

Der Durchbruch zu diesem Wesen in ernstgenommener Erfahrung ist das Grundereignis unserer Zeit, mit dem die Neue Zeit die Neuzeit ablöst. Die Zeit ist gekommen, in der der Mensch die Aufforderung zu einem gottgemäßen Leben nicht mehr als eine ihm von außen auferlegte Aufgabe empfindet, sondern als Vollzug einer in ihm selbst wachgewordenen Verheißung. Ein dem göttlichen Sein gemäßes Leben ist keine Ideologie, für die es Alternativen gibt, sondern die Verwirklichung des wahren Selbstes. Nicht alle haben an diesem Ereignis teil. Aber schon sind es viel mehr, als man gemeinhin weiß, die an die Schwelle dieses Durchbruchs herangereift sind und nach Führung verlangen zu ihm hin und durch ihn hindurch in die Verwirklichung des wahren Selbstes.

Im Fortschreiten der initiatischen Entwicklung vollzieht sich eine totale Wende im Wirklichkeitsbewußtsein des Menschen. Diese betrifft das Verhältnis seiner endlichen Kleinheit zur unendlichen Größe des Seins. Im Zuge der Entwicklung seiner rationalen Möglichkeiten verwies er die Realität des Überweltlichen in das Reich eines weltfremden Glaubens. Wohl konnte er sich als ein nur winziges Stäubchen im All empfinden, das aber änderte nichts an dem Größenwahn seines rationalen Bewußtseins, der heute aber ins Wanken gerät. Mit dem Fortschritt seines Geistes im Initiatischen taucht in der Sicht eines neuen Bewußtseins eine Wirklichkeit auf, deren unendliche Größe ihn noch in einem ganz anderen Sinne bescheiden macht als das Bewußtsein seiner Kleinheit im physikalisch erforschten Universum. Seine Größe aber besteht nun darin, in seiner endlichen Kleinheit an der Unendlichkeit teilzuhaben. Im Bewußtsein des Einsseins mit dieser Wirklichkeit öffnet sich ihm die Möglichkeit zu einer Selbsterfahrung, Selbsterkenntnis und Selbstverwirklichung in einem neuen Sinn.

Meditation meint Verwandlung, Verwandlung des überwiegend der Welt zugewandten, aus seiner bloßen Natur und im Bedingten der Welt lebenden Menschen zu dem neuen Menschen, der bewußt in seinem Wesen verankert ist und dieses in seinem Erkennen, Gestalten und Lieben in der Welt in Freiheit zu bekunden vermag.

MEDITATION: DURCHBRUCH ZUM WESEN

3. Initiatisches Meditieren: Ein Ärgernis

Meditieren verstanden als initiatische Übung! Das ist ein Ärgernis für viele! Es ist ein Ärgernis für den Menschen, der noch unerschüttert in der Geborgenheit ursprünglicher Ganzheit lebt. Er hat noch an dem ihn und alle Dinge durchdringenden göttlichen Ganzen teil. Er kann nicht verstehen, was das Gerede von „Initiation" soll, da er ja noch von dem Geheimen durchdrungen ist, zu dem das Initiare das Tor für den öffnet, der es verloren hat.

Meditation als initiatische Übung ist ein Ärgernis für den, der fest in seinem traditionellen Glauben steht. Was soll mir das Gerede vom Sein, von Transzendenz, vom überweltlichen Leben – ich glaube ganz einfach an Jesus Christus, der mir gegenwärtig ist im Gebet und der mich begleitet auf allen Wegen.

Initiatische Bemühung ist ein Ärgernis für alle, die meinen, dank ihres festen Glaubens an Gott einer besonderen Erfahrung entraten zu können, um so mehr, als der Glaube durch den subjektiven Faktor aller Erfahrung in seinem objektiven Sinn nur beschattet oder gar gefährdet werden könnte.

Meditation als initiatische Übung ist ein Ärgernis für den, dem die darin gesuchte Erfahrung verschlossen ist, weil er sich in einer Wirklichkeitssicht verfangen hat, die ihn in den Grenzen des rational Faßbaren hält. Für ihn hat alles rational nicht Faßbare keine Wirklichkeit, ist Phantasie, bloßes Gefühl oder frommer Glaube, der an aller Wirklichkeit vorbeigeht.

Meditation als initiatische Übung ist endlich ein Ärgernis für den, der glaubt, keiner höheren Dimension zu bedürfen. Das ist der Mensch, der sich mit seinen fünf Sinnen, seinem Verstand und auch seinen moralischen Kräften dem Leben und seinen Forderungen, den natürlichen wie den geistigen, gewachsen fühlt. Es genügt ihm, sich aus eigener Kraft im Leben durchsetzen und sich in Leistung, gutem Werk und Liebe in seiner Gemeinschaft bewähren zu können. Hierzu, so meint er, bedarf es keiner Hilfe aus einer transzendenten Dimension.

Um Meditation als initiatische Übung ernst nehmen, fordern und leisten zu können, bedarf es einer bestimmten Stufe und einer bestimmten Gabe: das Überweltliche in uns vernehmen zu können.

Meditieren: Erfüllung oder Ärgernis

Zweites Kapitel

Das Wesen als Erfahrung

Initiatisches Meditieren und initiatisches Leben umkreist zwei Pole: Die erlösende und befreiende *Erfahrung* des Wesens und die schöpferische *Verwandlung* zu der im Wesen angelegten personalen Gestalt. Das ist diejenige Gestalt personalen Seins, in der der Mensch den Kontakt mit seinem Wesen bewahrt und es seinem Inbild gemäß fortschreitend auszeugt.

Woher weiß ich etwas von meinem Wesen? Das Wort Wesen bezeichnet für uns den Inhalt einer besonderen *Erfahrung,* und zwar der tiefsten Erfahrung, deren der Mensch fähig ist: der Erfahrung des in ihm und allen Dingen anwesenden, überweltlichen göttlichen Seins. Was berechtigt mich, im Hinblick auf eine bestimmte Erfahrung von der Erfahrung eines überweltlichen göttlichen Seins zu sprechen? Es ist die Tatsache, daß hier etwas erfahren wird, das alle Grenzen meiner sonstigen Erfahrungswirklichkeit überschreitet, sowohl den Horizont meines Erkennens und die Tiefe meines Fühlens, als auch das Potential meiner zum Bestehen und Gestalten des Lebens vorhandenen natürlichen Kräfte.

Im Hinblick auf die Wesenserfahrungen sind zu unterscheiden große Seinserfahrungen und kleine Seinsfühlungen. Große Seinserfahrungen sind jene, die in Sternstunden des Lebens mit einer Gewalt, die die bisherige Lebensordnung erschüttert, ja umwirft, die Wirklichkeit eines überweltlichen Lebens ins Bewußtsein bringen. In den Seinsfühlungen berührt es uns nur zart, aber doch auch in einer unverwechselbaren Qualität.

Mein Wesen: Tiefste Erfahrung

1. Seinsfühlung

Es gibt Augenblicke, in denen wir uns über die Grenzen unserer alltäglichen und bekannten Wirklichkeit hinausgehoben fühlen und etwas verspüren, das anscheinend nicht von dieser Welt ist – seltsame Augenblicke, von etwas Wundersamem erfüllt, das uns ganz unerwartet berührt. Mit einem Mal ist das Ganze unseres Erlebens durchwirkt von einer besonderen Qualität. Man ist wie verzaubert, wie entrückt und doch zugleich in etwas Urvertrautes gestellt, ganz bei sich selbst. Man kann nicht sagen, was es ist. Könnte man es sagen, wäre es nicht „das". Es ist ein Unbegreifbares, ein ganz Anderes, aber, wenn auch in einem unbekannten Sinn, Wirkliches, denn es geht eine eigene Kraft von ihm aus. Es durchlichtet uns in besonderer Weise und taucht unser ganzes Lebensgefühl in eine eigenartige Wärme. Es vermittelt uns für einen Augenblick das Gefühl besonderer Freiheit. Wir sind herausgehoben aus dem Geflecht alltäglicher Mächte.

Haben wir „Ohren zu hören", vernehmen wir in solchen Augenblicken die Stimme eines anderen Herrn, als es der unseres kleinen, ichzentrierten Daseins ist. Ist der rechte Spürsinn gegeben, ahnen wir hier durch die Wände unseres gewöhnlichen Bewußtseins ein unbekanntes und doch zutiefst vertrautes Leben, in dem wir in unserem Wesen zu Hause sind. Solche Seinsfühlungen sind nicht an bestimmte Situationen gebunden. Sie können uns überall und zu jeder Zeit überraschen. Es ist, als sei es nicht eine äußere Gegebenheit, die uns für einen Augenblick verwandelt, sondern etwas in uns, das, wenn es auftaucht, jeder Situation diese besondere Qualität verleiht. Aber es bedarf offenbar einer besonderen Einstellung, die uns für solches Erleben aufschließt.

Warum bleibt der Jagdhund, den man in den Wald schickt, unfehlbar stehen, wo ein Wild seinen Weg kreuzte? Weil er in der *Witterung* ist und nicht aus der Witterung herauskommt. So ist auch der zum Initiatischen aufgeschlossene Mensch der, der in der geistigen Witterung bleibt. Dann kann das „Göttliche" nicht seinen Weg kreuzen, ohne daß er innehält und ihm auf der Spur bleibt. Ohne Unterbrechung muß er sich offen halten für die Begegnung mit dem WESEN, was immer auch das Medium sei, durch das es zu sprechen sucht, sei es die eigene Innerlichkeit oder etwas aus der Welt. Das Göttliche, das ihm nicht entgehen darf, lebt in ihm als sein Wesen. Und dieses Wesen ist die Weise, in der das WESEN, das der Kern aller Dinge ist, in ihm auf individuelle Weise anwesend ist.

In ihnen ist es verborgen und wird nur dem offenbar, dem das Wesensauge aufging. Dieses Auge zu öffnen, ist die Aufgabe. Dann gewinnt der Umgang mit aller Natur, mit allen Dingen und insbesondere mit dem anderen Menschen eine größere Tiefe und einen neuen Sinn: Im greifbar Gegebenen dem Ungreifbaren begegnen. Diesen Sinn zu erschließen ist die erste Antwort auf die Frage: Wozu meditieren? Alles Erleben des ganz Anderen hat eine besondere Erlebnisqualität: die Qualität des Numinosen.

IM GREIFBAR GEGEBENEN DEM UNGREIFBAREN BEGEGNEN

2. Das Numinose

Wir gebrauchen den Begriff „das Numinose" für eine Qualität des Erlebens, die ein Berührtwerden durch eine andere Dimension anzeigt, eine Wirklichkeit, die den Horizont des gewöhnlichen Bewußtseins transzendiert. Dieses Transzendente kann befreienden oder zerstörenden, beglückenden oder erschreckenden Charakter haben. Immer aber bekundet sich in ihm eine als überweltlich empfundene Macht. Nicht nur eine Engelserscheinung, auch die Begegnung mit einem Dämon hat numinosen Charakter. Archetypische Mächte, wo sie ins Innesein treten, sind numinos. Sie können, wenn sie sich überwältigend des Menschen bemächtigen, lichter Natur sein wie der Archetyp des Heilbringers oder dunkler wie der der „fressenden Mutter". Alles, was uns erschauern macht, im Schrecken wie in der Lust, hat diese numinose Qualität, alles also, was uns über den Horizont der uns für gewöhnlich zugänglichen Wirklichkeit hinausruft, hinausträgt oder hinausreißt. So das, was uns in echte Andacht wirft und uns zur totalen Hingabe zwingt, wie das, was uns zu Tode erschreckt oder uns gegen unseren Willen zu etwas Unmenschlichem verführt. In diesem Sinn bedroht das als numinos Erlebte – sei es licht oder dunkel – immer unsere im gewohnten und beherrschten Umkreis geordnete Wirklichkeit und läßt uns erzittern. Das ist das Tremendum des Numinosen. Zugleich aber bringt es eine Dimension ins Bewußtsein, die zur Ganzheit unseres Seins gehört und all unserem Dasein zugrundeliegt. Darin liegt ihre faszinierende Kraft. Es fasziniert uns, was in der Tiefe zu uns gehört, aber noch nicht integriert wurde. Wo immer von Faszination die Rede ist, werden wir von etwas angezogen, das wir im Grunde selbst sind und das wir in uns entwickeln sollten. Das ist das Faszinosum des Numinosen. Alles Numinose hat die zwei Seiten: das Tremendum und das Faszinosum[2]. Wo aber diese Dimension verstellt ist, kann die übermenschliche Kraft auch als unmenschliche Kraft hervorbrechen. Wo das übermenschliche Wesen nicht zu seiner Gestalt finden kann, kann die es äußernde Gewalt in zerstörerischer Weise und als Ungestalt erscheinen. Manche Geisteskrankheit ist die verfehlte Heilsgestalt, aber gerade deswegen auch zu initiatischer Heilung aufgegeben.

Das Überschreiten des Horizontes unseres Welt-Ichs bringt die Begegnung mit etwas, das außerhalb seines Horizontes liegt, das heißt, transzendenten Charakter hat. Das Überschreiten dieses Horizontes kann vielerlei Ursachen haben. Es kann die Folge einer Situation sein, in der der Mensch bewußt die Grenzüberschreitung riskiert, z. B. durch eine Droge oder im Alkohol oder auch in einer sportlichen Leistung, in der er einmal alle Sicherungen seines Welt-Ichs losläßt, sei es im Bewußtsein seines Könnens, sei es im Aufsichnehmen des großen Risikos; oder im Fallenlassen aller moralischen Schranken im Taumel der Sinnlichkeit; oder wo immer der Mensch sich erlaubt, „außer sich" zu geraten und die Kontrolle des Ichs aufzugeben. Hier überall gewinnt das Erleben eine Qualität überpersönlichen und überweltlichen Charakters, in der Verlockung und Bedrohung in wundersamer Weise ineinanderspielen.

Diese Qualität kann insbesondere auch in einer das persönliche Ich ausschaltenden Kollektiv-Situation erfahren werden, einem religiösen Kult, einer sportlichen Veranstaltung oder einer politischen Demonstration, in der eine überindividuelle Schicht seiner selbst vom Menschen Besitz ergreift. So auch dort, wo eine Masse von einer Idee ergriffen wird, von einer Begeisterung oder aufrührerischen Impulsen. In solchen kollektiven Gefühlen von überpersönlichem Geschehen können sowohl positive als negative Mächte Einlaß finden. In seiner Sehnsucht nach Überschreitung seines Ich-Horizontes wird der Mensch auch vom Dunklen angezogen, daher auch der Reiz des Gruseligen, Gespenstischen. So gibt es nicht nur das Erlebnis einer positiven, lichten Transzendenz, sondern auch einer negativen, dunklen, die Verführungsgewalt des Teuflischen wie die Anziehungskraft des Himmlischen. Es darf also nicht nur dem Numinosen, das wir als Licht empfinden, nachgegangen werden. Es muß auch dem als Dunkel empfundenen Numinosen unerschrocken begegnet werden, um so mehr, als sich in ihm oft unerlöste Kräfte manifestieren.

Es gibt aber das Erlebnis eines Überweltlichen, das jenseits der Gegensätze von positiv und negativ ist und eben dadurch, daß es sie überwindet, eine endgültig erlösende und befreiende Kraft hat und daher als höchstes Licht erfahren wird. So fern auch dieses Licht sein mag und niemals zu erreichen ohne den Durchgang durch die im Gegensatz von Licht und Dunkel erscheinende Form der Transzendenz – es ist *das* göttliche Sein und große LEBEN, auf dessen Erfahrung, Bekundung und Bewährung der Mensch im Grunde angelegt und (hin-)gerichtet ist. Es ist die Richtkraft des Seins in unserem Wesen, das unabdingbar durch alle Deformationen unseres Schicksalsleibes hindurch auf eine bestimmte Gestalt unseres Menschseins hinzielt. Es ist die Quelle unseres absoluten Gewissens und mit seiner Verheißung die Wurzel der Standfestigkeit gegen das Anstürmen der Gewalten, die uns zum Abweichen, Nachgeben und zur Untreue verleiten wollen. Aller Erfahrung von Transzendenz, die dem vorgelagert ist, auch wo sie befreiende und beglückende Erlebnisse auslösen, fehlt aber der nachhaltige und endgültig verpflichtende Charakter und die im vollen Sinn initiatische, das heißt wahrhaft verwandelnde Kraft. Endgültig auf den Weg zu dieser Transzendenz zu gelangen, darauf ist letztlich der initiatische Weg bezogen. Das große Wozu.

Der Schüler auf dem initiatischen Wege muß wissen, daß das Numinose ihm überall begegnen kann. Es gibt aber besondere Situationen und Räume, in denen das Numinose präsent ist und erfahren wird. So die Teilhabe an einem religiösen Kult, vorausgesetzt, daß der Mensch ihm innerlich aufgeschlossen ist. Schon der Kultraum als solcher, der Tempel, das Gotteshaus, ist von einer numinosen Qualität geladen, die auch den Ungläubigen einlädt und anzieht, einige Augenblicke in ihm zu verweilen. Selbst dort, wo der Mensch einer dem göttlichen Sein fernen Welt mehr oder weniger verfallen ist – wo er freiwillig an einem solchen Kult teilnimmt, sucht er unwillkürlich die Nähe des Numinosen. Auch wenn er sich von den spezifischen Glaubensinhalten, die in diesem Kult bezeugt werden, distanziert hat oder wenn er an dem Kult einer Religion teilnimmt, deren Glaubensinhalte ihm nicht vertraut sind, läßt er sich von der numinosen Kraft des Kultes und seines Raumes ergreifen. Es ist die gesamte Stimmung, die ihn in jener Tiefe berührt, die, weil sie die seines Wesens ist, immer darauf wartet, angerufen zu werden. Das Faszinierende alles Numinosen birgt aber auch eine Gefahr. Seine den Menschen entrückende Kraft kann ihn auch zur Flucht vor der Welt und sich selbst verleiten. Die Lösung dieses Problems bildet eine besondere Aufgabe auf dem Weg.

Eine eigene Weise der Erfahrung des Numinosen bildet sich in jedem Handwerk aus. Wo immer der Mensch einem Werk nachgeht, die Technik, die es erfordert, so meistert, daß das vom Rationalen beherrschte und vom Willen gesteuerte Ich zurücktreten kann, tritt das Wesen ins Innesein. Dann bestimmt es nicht nur die Gestimmtheit dessen, der das Werk vollbringt, sondern auch des Raumes, in dem es getan wird. So herrscht in jedem Werkraum eines alten Handwerkers eine eigenartige Luft, in der das ihm heilige Tun und das ihm hingegebene Herz so anwesend sind, daß es den, der diesen Raum betritt, anrühren kann. Voraussetzung ist freilich eine entsprechende Aufgeschlossenheit des Besuchers. Die Werkstatt des Zimmermanns atmet andere Luft als eine Schmiede; die des Malers eine andere als die des Bildhauers; die des Töpfers eine andere als die des Webers; die des Schneiders eine andere als die des Schusters. Die Möglichkeit, daß hier überall eine numinose „Luft" entsteht, ist um so größer, als rein rational bestimmtes Tun und technische Apparatur noch nicht oder nicht mehr die maßgebende Rolle spielen. Hier verändert sich heute auch der numinose Charakter der Arbeit des Bauern. Überall ließ die Hingabe an seine Arbeit im Stall wie auf dem Feld etwas wie einen eigenen Kultraum entstehen, der im Zuge der Rationalisierung verschwindet. Wo die Mähmaschine die Sense ersetzt, geht etwas verloren.

Und doch entwickeln auch hoch rationalisierte technische Betriebe unserer Zeit nicht nur für die, die in ihnen wirken, einen numinosen Charakter. Sie gewinnen ihn als Ausdruck von Mächten, die den Menschen überwältigen und doch zugleich faszinieren. Hier wird die numinose Faszination einer Wirklichkeit deutlich, die den Menschen mit übermenschlicher Macht über sich hinausreißt. Dies kann in einer Weise erfolgen, die ihn von seinem göttlichen Sein entfernt und in die Hybris des Technokraten wirft oder ihn – wie den Astronauten – in die große Ergriffenheit trägt. Die übermenschliche Kraft, die das technische Können verleiht, vermag ihn aber auch in ein Erschrecken vor sich selbst zu treiben, das Umkehr bedeuten kann.

In allen Kulturen hatte einst jeder Beruf seine Gottheit, seinen Heiligen, nicht nur der Jäger den heiligen Hubertus oder der Fischer den Petrus. Und immer ist der Heilige dann auch die Personifikation des Numinosen, das in diesem Beruf erfahren wird, insbesondere dort, wo in der Ausübung dieses Berufs Gefahr droht und der Tod hereinspielt. So ist der Heilige jedes Berufs auch der Schutzheilige, der den Menschen in seinem Beruf begleitet, ihn auf dem rechten Wege hält und vor Unheil bewahrt.

Die Folklore aller Völker ist in ihren Bräuchen der tausendfältige Ausdruck für die im Leben des Menschen respektierte Anwesenheit überweltlicher Kräfte. Die Zeit ist gekommen, wo der Abstand von dem zum Aberglauben gewordenen Wissen um die Präsenz dieser Mächte wieder abnimmt und in ein positives Interesse umschlägt, das zur Wiederentdeckung echt numinoser Valenzen führt. Die Überrationalisierung des Denkens wird zum Hintergrund einer Neuentdeckung der Weisheit ursprünglicher Empfindung, in der die rational nicht faßbare Präsenz des überweltlichen Grundes unserer weltlichen Existenz wieder erfahren und anerkannt wird. Diese unsere Zeit beherrschende Stimmung ist ein fruchtbarer Boden für das Erwachen initiatischen Suchens und Lebens.

Sich dem Numinosen öffnen

3. Das Organ für das Numinose

Die erste Aufgabe auf dem initiatischen Weg ist die Entwicklung des Organs für das Numinose. Dies Organ ist kein besonderer Sinn wie das Hören, Schmecken oder Riechen, sondern es ist der ganze Mensch in einer bestimmten Grundeinstellung. In dieser Einstellung ist er eindeutig gepolt. Er gleicht einer Magnetnadel, die, wann immer sie auch gestört wird, in die gleiche Richtung zurückschlägt, in die Richtung dessen, was sie unabdingbar anzieht. So ist der Mensch im Grunde ohne Unterlaß von seinem Wesen angezogen, aber durch die säkulare Bindung seines Ego verhindert, diesem Zug nachzugeben. Menschliches Erleben hat einen mehr säkularen oder mehr transzendenten Grundcharakter und Sinn. Die Fähigkeit zu dieser Unterscheidung läßt sich üben. Auf die Grundqualitäten der eigenen Befindlichkeit bezogen bedeutet dies z. B. folgendes:

Man kann sich mehr oder weniger belebt oder tot, frisch oder matt, reich oder arm, voll oder leer fühlen, jeweils sowohl in einem säkularen wie in einem transzendenten Sinn. Ein im säkularen Sinn positiver Augenblick des Lebens, voller Fröhlichkeit, Selbstsicherheit und gutem Gewissen kann bar jeglicher transzendenter Schwingung sein. Umgekehrt kann ein leidvoller Augenblick des säkularen Lebens, voll Trauer, Schwermut und Schuld, transzendente Tiefe haben.

Man kann sich mehr oder weniger zentriert und „in Form“ fühlen, in seiner Mitte, gefaßt, in Ordnung, gemäß, präsent, oder aber nicht in Ordnung, ohne Mitte, verspannt oder aufgelöst, starr oder zerfließend, beides wiederum in einem am Wesen oder nur am Welt-Ich orientierten Sinn. Was als negativ oder positiv empfunden und bewertet wird, kann daran gemessen werden, wie weit man den Forderungen und Möglichkeiten der Welt gerecht wird oder aber den Forderungen und Verheißungen des Wesens. Auch durch eine weltgemäße Form kann die Not einer Wesensferne hindurchklingen und leidvoll empfundenes Versagen gegenüber der Welt einhergehen mit dem beglückenden Gefühl einer Aufgehobenheit im Wesen. Ein Emporgetragensein von der Gunst der Welt kann verbunden sein mit der Bangigkeit einer Gefährdung der Wurzelkraft im Wesen und ein Kranksein in der Welt verbunden mit der Beglückung, gerade jetzt frei zu sein für eine Nähe zum Wesen.

Man kann sich mehr oder weniger im ,,Kontakt" fühlen, verbunden mit Mitmensch und Welt, geborgen, aufgehoben, oder aber nicht im rechten Kontakt, einsam, verstoßen, ohne Du. Auch diese Erfahrungen, die positiven wie die negativen, können einen mehr säkularen oder mehr transzendenten Charakter haben. So kann man sich ungeborgen in der Welt und doch zugleich geborgen in der überweltlichen Tiefe oder allzu wohlgeborgen in der Welt und dabei treulos, abgeschnitten vom Wesen erfahren.

Der einmal zum initiatischen Weg Erwachte erfährt diese Paradoxien und lernt an ihnen, den Akzent seines bewußten Lebens immer mehr auf seine Verbundenheit mit dem Wesen zu legen. Das ist etwas anderes als der Versuch, sich während seines Tagewerkes gelegentlich auch an Gott zu erinnern. Das scheinbar fromme Wandeln ,,sub specie aeternitatis" muß zu einer harten Arbeit an sich selbst werden, kraft der der Mensch der ihm immanenten Aeternitas würdig und gemäß wird.

Offen sein ohne Unterlass

4. Das Numinose in den Sinnen

Das Erspüren des Seins in seiner Fülle, ein Anliegen allen initiatischen Meditierens, beginnt mit dem Ernstnehmen der Sinne. Zum großen Exerzitium gehört daher vor allem eine Kultur der Sinne, die den Menschen fortschreitend zur Präsenz aus dem Sein öffnet, indem sie sein Spürvermögen für die Tiefendimension aller sinnlichen Qualitäten schärft und differenziert. „Die Pflege der Sinne als den Mittlern zwischen oben und unten wie auch innen und außen ist in voller Breite ernst zu nehmen" (Maria Hippius).

Wo der Mensch in der rationalen Erfassung und Bewältigung des Lebens an eine Grenze kommt und ermüdet, wird er bedürftig und bereit, sich dem erfrischenden Wunder der Sinne neu zu erschließen. Je mehr sein Leben, das sich auf der Erscheinungsfläche der Welt abspielt, verflacht, und die Fülle des Seins in der begrifflichen „Meisterung" der Vielheit in einem Ausmaß versandet, das seine Tiefe darben läßt und Leiden erzeugt, um so mehr wird er hellfühlig für Augenblicke, in denen sein Wesen angerührt wird. Dieser Vorgang kennzeichnet ein Geschehen unserer Zeit. Dann wird der Mensch auch bereit, die Welt der Sinne neu zu entdecken und in ihrer Tiefendimension den Quellbereich eines Lebens zu erschließen, der ihn über die Ausgedorrtheit und Verflachung eines Daseins heraushebt, das seiner Ursprünglichkeit und Ursprungsnähe beraubt ist. Das „Wozu meditieren" findet hier reiche Antwort.

Die Sinne als Quelle transzendenter Erfahrung sind der esoterischen Praxis aller Zeiten und aller Völker bekannt. So der Tiefengehalt der Farben und ihre Symbolik, die universale Ordnungen widerspiegelnde Skala der verschiedenen Töne und Klänge, angefangen von der Gebärdensprache der Vokale; die eindringliche, bewußtseinsverändernde Wirkung der Gerüche, die zentrale Bedeutung des Schmeckens der Qualitäten von Speise und Trank, der Reichtum, der sich im Tasten, im Berühren öffnenden Welt taktiler Erlebnisse, angefangen von der im Ertasten der Dinge erfahrenen Wunderwelt taktiler Qualitäten[3] bis hin zur Erfahrung sinnlich-übersinnlicher Bereiche in der erotischen Berührung und endlich im das gewöhnliche Bewußtsein aufhebenden Sinnestaumel der Sexualität.

Alle Sinnesbereiche können in der Ebene nur natürlichen Erlebens erfahren werden oder aber, ist der Mensch zur Tiefe initiatischen Daseins begabt und entschlossen, als Zeugen der Tiefe überweltlichen Seins. So auch steht die Entwicklung der Sinne seit alters her im Dienst transzendenter Erfahrung, initiatischer Übung und Verwandlung. Der initiatische Weg stellt uns heute vor die Aufgabe, die uns hier überlieferten Erfahrungen aufzunehmen, sie von ihrem Charakter eines Privilegiums nur für Auserwählte zu befreien und dem ständig wachsenden Kreis jener Berufenen zugänglich zu machen, die aufgrund ihrer ihnen eingeborenen Stufe oder besonderer Schicksalsentwicklung und Reife sich der Grenze genähert haben, an der das Welt-Ich seine Herrschaftsstellung abgeben darf und muß und der Mensch bewußt in den Dienst der Transzendenz tritt.

Des Seins in seiner Fülle wird der Mensch sich zuallererst in seiner Lust am Leben („Ich lebe gern", Meister Ekkehart) bewußt, vor allem dort, wo er es ganz unreflektiert als saftige Wurzelkraft und als lösende Wärme erfährt. Der élan vital, der alles Lebendige beseelt, hat im Menschen den Charakter eines unbewußten Ja zum Leben. Wo dieses durch widrige Schicksale sich unbewußt in ein Nein, vielleicht auch nur zu einem Jein verwandelt, erlischt der überweltliche Glanz der natürlichen Lust am Leben, aber auch der Weg in die Tiefe ist versperrt.

Zum großen Exerzitium gehört es, das Ja aus seiner Unbewußtheit herauszuheben und seiner transzendenten Bedeutung inne zu werden. Nur so werden die Sinne zum Tor in die Tiefe, geht in ihnen das Leben wirklich auf: „Herrlich im Glanz seiner leuchtenden Farbigkeit, in seinen Lichtern und Klängen, immer überraschend und neu im Spiel seiner kleinen und großen Gestalten, immer umwittert von dunklen Mächten und von Gefahr, aber auch immer voller Verheißung. Diese funkelnde Fülle des Daseins, erfahren als schwellendes Leben, als Bewegungsdrang, als antriebsgewaltige Energie und dynamische Kraft, als belebender Odem, als leuchtende, tönende, duftende, schmeckende, treibende, stoßende, wärmende, lockende und lösende, vom Unendlichen beseelte Endlichkeit – all dieses ist erlebnismäßig den Sinnen zugeornet. Der, dessen Herz dem allen verschlossen oder nur schwer zugänglich ist, ist arm. Nie aber ist es die einfache Vermehrung oder Verstärkung sinnlichen Erlebens, sondern seine Vertiefung, die mitten im Dasein den Reichtum aus dem Sein aufschließt."[4] Der initiatische Weg führt zur Vertiefung des Erlebens und durch sie zum Aufbrechen dieser Fülle.

Das Leben zu fühlen im Medium einer vertieften Sinnlichkeit ist eine Wurzel echter Seinsfühlung. So wie die gewöhnliche Sinnlichkeit die Erlebnis-Basis abgibt für die Entwicklung des rationalen Geistes, so ist die Entwicklung einer übersinnlichen Sinnlichkeit die Voraussetzung für die Entfaltung des geistlichen Geistes. Die Voraussetzung dafür, daß der Mensch den Segen der Sinne erfährt, ist: daß er ihn sucht. Nur im Ernstnehmen sinnlicher Erfahrungen, im Verweilen bei dem, was uns durch sie berührt, erschließt sich der in ihnen verborgene Schatz.

Das Ja zu den Qualitäten der Sinne, zu ihrem Erleben als Tor zum überweltlichen Sein scheint in einem erheblichen Gegensatz zu stehen zu der althergebrachten Behauptung einer Gefährdung des geistlichen Lebens durch die Verlockung der Sinne. Sinnliches Erleben wird als lustvolle Verführung des Menschen und Behinderung seines Fortschritts im Geistigen verdächtigt und gebrandmarkt. Darin spiegelt sich Wahres mit Falschem. Sinnliches Erleben gefährdet geistlichen Fortschritt, wo es den Menschen festhält oder verschlingt. Kein Zweifel, daß jede sinnliche Lust beide Gefahren enthält. Dann wird der Glanz, den die Sinne dem Leben verleihen, zu einem brennenden Feuer oder verschlingenden Sog. Diese Gefahr droht dem Menschen um so mehr, als er noch nicht zum Wesen erwacht ist. Darin liegt die Wahrheit der Warnung vor der Verführung der Sinne, daß sie den für das Wesen noch Verschlossenen mit dem Ersatz einer materiell gebundenen Lust mit seiner Armut aussöhnt, zugleich aber zum Stehenbleiben verurteilt. Hier sind die ursprünglichen Sinne und Triebe des Menschen Gefahr. Weil jedem Menschen, auch dem initiatisch Begabten, die gleiche Gefährdung droht, gehört auf den initiatischen Weg disziplinierter Verzicht und Fasten zur Überwindung der Abhängigkeit von den Sinnen. In dem Maße aber, als diese Abhängigkeit sich verliert, gibt es ein Transparentwerden sinnlichen Erlebens, in dem die Sinne von ihrer Gefährlichkeit, das Haften zu fördern, befreit sind. Wo das Übersinnliche der Sinne in den Vordergrund tritt, verliert der Drang zu sinnlichem Erleben seinen zwanghaften Charakter, und ihre Erfüllung wird zu einem Ausdruck der Freiheit. Dann ergibt sich die Chance zum

Durchsichtigwerden der Sinnesqualitäten zum Übersinnlichen hin.

Am Anfang gesunder Entwicklung steht die Freiheit zu sinnesfreudigem Erleben. Wo die Befriedigung sinnlicher Genüsse in den Mittelpunkt des Lebens rückt, ist geistige Entwicklung verhindert. Die zum initiatischen Leben gehörende Freiheit von den Sinnen erscheint nicht nur im asketischen Verzicht, sondern auch dort, wo ihr Erleben zum Tor wird in eine übersinnliche Welt. So gehört die Aufgeschlossenheit für die Welt der Sinne, wie dann die Kraft, sie zu überschreiten, zu den Voraussetzungen des großen Wozu.

Die Sinne: Tor zum Sein

5. Seinserfahrung

Unendlich viel tiefer als die Seinsfühlung, die schon in einer hauchzarten Berührung sein kann, greift die volle Seinserfahrung. In ihr bricht etwas zusammen, und etwas Neues, das den ganzen Menschen angeht, bricht auf.

Unser aller Leben steht im Zeichen einer dreifachen Not: der Angst vor Vernichtung, der Verzweiflung am Widersinn und der Trostlosigkeit der Einsamkeit. So sucht der Mensch, ob er es weiß oder nicht, immerzu Sicherheit, Sinn und Liebe. Doch einmal erfährt er: über allem Leben steht der Tod; alles Streben nach Sinn scheitert in einem Unbegreiflichen; und aller Liebe der Welt, die sich im Einssein mit einem Du erfüllt, droht ein Ende. Unaufhebbar daher die dem Menschen bewußt oder unbewußt innewohnende Sehnsucht nach einem Leben, das jenseits des Todes ist, nach einem Sinn, der jenseits von

Sinn und Unsinn dieser Welt ist, und nach einer Geborgenheit, die durch nichts gefährdet werden kann.

Aus dieser Sehnsucht spricht ein überweltliches Sein. Es gibt die Erfüllung dieser Sehnsucht. Es gibt die Erfahrung, daß alle Nöte dieser Welt mit einem Mal dort enden können, wo den Menschen ein Überweltliches ergreift, das ihn aus den Ketten befreit, die das ständige Streben seines Ichs nach Sicherheit, Sinn und Verbundenheit in der Welt um ihn legten. Das sind die Sternstunden, in denen der Mensch das Licht erfährt, das sich in der Finsternis seines Lebens verbarg, und diese sich mit einem Schlag zu einem Leuchten verwandelt, in dem er *in* der Schwäche die Kraft, *im* Widersinn einen höheren Sinn und *in* der Verlassenheit eine Geborgenheit erfährt, die nicht von dieser Welt sind, ihn aber in dieser Welt von dieser Welt erlösen. Dann wird das Sein erfahren in seiner heiligen Dreieinheit: als Fülle des Seins in einer überweltlichen Kraft, als Gesetzlichkeit des Seins in einem übergegensätzlichen Sinn und als Einheit des Seins als überweltliche Geborgenheit in Liebe. Dies ist der ganz konkrete Inhalt von Erfahrungen, in denen SEIN als die alles Seiende dieser Welt umgreifende und durchdringende, alles Endliche unendlich transzendierende Realität bewußt wird. Das sind die Erlebnisse, die uns aus Erfahrung berechtigen, von unserem Wesen als Teilhabe an einem überweltlichen Sein zu sprechen.

Der Hauptwiderstand gegen den alles verwandelnden Durchbruch des Wesens ist das sich in seiner „Erbsünde" festhaltende Ich. Die größte Chance, ja, die Voraussetzung für das Aufgehen des Wesens im Bewußtsein des Menschen ist daher das Eingehen des sich in seinen Positionen wahrenden Ichs. Der vorinitiatische Mensch kennt gegenüber drohender Vernichtung, Sinnlosigkeit und Verlassenheit nur den Widerstand. Der zum initiatischen

Leben Berufene vollzieht in einer Grenzsituation das Paradox, das Unannehmbare: Tod, Widersinn, Verlassenheit anzunehmen. Das aber bedeutet zugleich: das Sterben des sich wahrenden Ichs ist die Voraussetzung für das Aufgehen des Wesens in der Erfahrung des überraumzeitlichen Seins. Dieses kann Frucht langen Bemühens sein oder das Geschenk einer gnadenvollen Stunde.

Initiatisches Meditieren wie alles initiatische Leben ist ein fortgesetztes Bemühen um die rechte Stellung des Ichs im Gefüge des Ganzen. Wo das Welt-Ich das Feld beherrscht, ist der Mensch dem Wesen verschlossen. Wo das Welt-Ich ohne Kraft ist, droht dem Menschen der Untergang – sei es in der Welt, sei es im uroborisch erfahrenen All-Einen. Der Sinn des initiatischen Weges ist aber nicht der Untergang im All-Einen, sondern das Eingehen in die Fülle des Seins als Quellkraft eines Ichs, das die Bedingungen zu schaffen vermag, unter denen das Wesen hervorkommen kann.

Wo immer das Wesen uns berührt – nicht nur in den großen Seinserfahrungen –, mit anderen Worten: wo das Tor zum Geheimen sich öffnet, erfahren wir immer die Dynamik unseres Wesens als eine uns auch in allen weltlichen Wünschen bewegende Sehnsucht: als Sehnsucht nach Vertiefung des Lebens, als Aufleuchten einer uns eingeborenen Verheißung; als einen uns unaufhaltsam bewegenden Drang zur Auszeugung unseres Inbildes, und im Erwachen eines neuen Gewissens als Träger eines unabweislichen Auftrages: in der Welt Zeuge zu werden des in uns aufgegangenen Seins. Jede echte Seinserfahrung ist geladen mit der Verpflichtung zu seinsgemäßer Verwandlung.

Seinserfahrungen gleichen in der Dunkelheit dieses Daseins Leuchttürmen, an denen die Fahrt im Ungewissen unseres Daseins sich immer wieder ausrichten kann. Die in den Seinserfahrungen sich öffnende Wirklichkeit liegt jenseits unserer von Raum und Zeit bedingten Wirklichkeit. So berührt sie uns zunächst als ein Unheimliches, das uns sowohl bedroht als anzieht. In aller Unheimlichkeit zeigt es unsere eigentliche Heimat an.

Doch eine Seinserfahrung, die schlagartig das Feld des Lebens mit neuem Licht erleuchtet, gibt noch keinen Erleuchteten. Die Verwandlung des ganzen Menschen, die den Erleuchteten kennzeichnet, ist Frucht besonderer Übung und Reifung. So gewiß der Same zu dieser Frucht in der Seinserfahrung liegt – die Reifung zur Frucht bedarf besonderer Bemühung. Diese ist Ausdruck des Gehorsams auf den Ruf, den jede echte Seinserfahrung enthält: den Ruf zur Verwandlung, zu individueller Auszeugung jenes Wesenskernes, der in der Erfahrung ins Innesein tritt. Seinserfahrung und Verwandlung aus dem Sein sind die beiden Pole, um die initiatisches Leben kreist.

Große Seinserfahrungen sind selten, aber häufiger, als man denkt, nur daß der Mensch bislang nicht dazu erzogen war, sie, wo sie ihm geschenkt werden, in ihrer Bedeutung und ihrem Gewicht zu erkennen.

Kraft in der Schwäche – Licht im Dunkel – Liebe im Ungeborgenen

6. *Spürbewußtsein*

Der initiatische Mensch unterscheidet sich vom vorinitiatischen durch die Eigenart der für ihn maßgebenden Bewußtseinsform. Sie hat mehr den Charakter eines ungegenständlichen Spürens als eines gegenständlichen Fixierens. Sie ist die Voraussetzung zum Wahrnehmen einer anderen Dimension, ist also ein inständliches Bewußtsein. Nicht zufällig sprechen die Mystiker von einem „Schmekken des Seins". Es ist das Wahrnehmen einer übersinnlichen Sinnlichkeit. Es ist das inständliche Bewußtsein, das einer Seinsberührung gerecht werden kann, während sie im gegenständlichen Bewußtsein erlischt.

Auch das Bewußtsein, das der Entwicklung des gegenständlichen Bewußtseins vorangeht, also der frühen Kindheit zugehört, ist mehr Spürbewußtsein als gegenständliches Bewußtsein. Als solches ist es vorgegenständliches Bewußtsein, das den Menschen auch durch sein weiteres Leben untergründig begleitet. Im gegenständlichen Bewußtsein wird der Charakter des mit dem Spürbewußtsein Aufgenommenen verändert, indem es auf die Ebene der begrifflichen Ordnungen geworfen wird. Damit wird es der gegenständlichen Erkenntnis geöffnet und zugeführt, aber der Wärme und Fülle seines qualitativen Erlebnischarakters beraubt.

Das für das initiatische Erleben charakteristische Spürbewußtsein – wir nennen es das große Spürbewußtsein – hat den Durchgang durch das gegenständliche Bewußtsein zur Voraussetzung, ist also in seiner Inständlichkeit zugleich auch übergegenständlich. Es öffnet dem Menschen die Erfahrung der anderen Dimension auch durch das gegenständlich Wahrgenommene hindurch.

Es zeichnet sich vor dem allgemeinen und dem vorrationalen Spürbewußtsein dadurch aus, daß in ihm die allem wahrhaft gespürten Leben innewohnende, das WESEN aller Dinge, die essentia rerum, bekundende Tiefenqualität bewußt wahrgenommen wird. Im Spüren der alltäglichsten Gegebenheiten, im Wind, der Luft, der Atmosphäre eines Raumes, einer körperlichen Berührung, einer Bewegung, im Dahingleiten des eigenen Wagens, im Essen und

Trinken – in all dem ist nicht nur ein unmittelbares Spüren dem gegenständlichen Fixieren vorgegeben. Es ist vielmehr ein das gewöhnliche Bewußtsein übersteigendes Wahrnehmen. So ist es nicht mehr vorgegenständlicher Natur, sondern hat, das gegenständliche Erkennen voraussetzend, übergegenständlichen Charakter. Die darin sich erfüllende Seinsoffenheit hat die Überdeckung der ursprünglichen und unmittelbaren Seinsfühlung des Kindes zur Voraussetzung.

Seinsfühlungen und Seinserfahrungen vollziehen sich im großen Spürbewußtsein. Ist für eine vom rationalen Bewußtsein beherrschte Zeit das im Spürbewußtsein Erfahrene nicht nur subjektiv? Es ist wie alles Erlebte „nur" subjektiv für den, für den Wirklichkeit nur hat, was unabhängig vom menschlichen Erleben existiert und sich nahtlos in ein vorgegebenes Gefüge von Begriffen einfügt (Descartes). Für den Menschen als erlebendes Subjekt aber hat Wirklichkeit das, was er faktisch erlebt, und die Tiefe der Wirklichkeit ist gegeben durch das Maß an persönlicher Bedeutung des Erlebten. Es bemißt sich nach dem Gewicht, mit dem es ihn spürbar fördert oder gefährdet, beglückt oder betrübt, bereichert oder verarmt, erfüllt oder entleert, vertieft oder verflacht, als Person immer mehr verwirklicht oder verstellt. Und das ist das Bezeichnende für den zum Weg Erwachten, daß alle Gewichte sich verändern. Das bislang Gewichtige verliert an Gewicht, und Unscheinbares wird zum Medium einer Seinsfühlung.

Für den Fortschritt auf dem initiatischen Weg hat das große Spürbewußtsein eine doppelte Bedeutung: es ist sowohl Ziel als Mittel zum Ziel. Es betrifft sowohl das Wozu als das Wie des Meditierens. Es betrifft das Wozu, insofern die Entwicklung dieses Spürbewußtseins selbst ein Ziel und ein Auftrag für den sich auf dem inneren Weg Übenden ist. Es ist das Ziel, insofern das Organ dieses Spürbewußtseins nicht ein besonderer Sinn oder ein besonderes Organ ist, sondern der ganze Mensch, der als Wahrnehmender transparent geworden ist für das Sein. Und es ist auch unerläßliches Medium eines erfolgversprechenden Meditierens.

Im Spürbewusstsein bleiben

7. Welt-Ich und Wesen

Die Beziehung zwischen Wesen und Welt-Ich erscheint, initiatisch gesehen, im Beispiel von Josef Müller, wie folgt:

Mein Name ist Josef Müller. Fragt man mich: „Was ist dein Haupt-Problem?", so muß ich antworten: „Wie kommt der Josef durch den Müller durch?"

Ich meine damit: Müller, mein Familienname, bezeichnet den von der Welt her Bedingten: in einem bestimmten Elternhaus geboren und erzogen, eine bestimmte Schule, Lehre, Studium durchlaufen, diesen und jenen Schicksalsschlag erlitten; Hoffnungen haben sich erfüllt, andere zerschlagen; heute Herr Müller, verheiratet, drei Kinder, in der und der Position, wie die Welt ihn kennt, und wie ich selbst mir unter den Bedingungen der Welt erscheine, erscheinen möchte, mich in meinem allseitig bedingten Schicksalsleib halte und in vielen Rollen ver-halte, – Müller, mein Schicksalsleib, unter den Bedingungen der Welt geworden und sich unter den Bedingungen der Welt erhaltend und verhaltend.

Josef ist jenseits aller Rollen, ist nicht von der Welt, ist nicht bedingt, ist unbedingt, ist die individuelle Weise, in der in Müller das überweltliche WESEN aller Dinge anwest und unter allen Bedingungen zu seiner individuellen Gestaltwerdung drängt.

So stehen in mir einander gegenüber: der tausendfach bedingte, gewordene Schicksalsleib und das immer auf die Auszeugung seiner Gestalt drängende, immer „ungewordene" und unbedingte Wesen. Das Ziel muß sein, daß Müller so durchlässig wird, daß Josef sich in ihm und durch ihn hindurch in der Welt frei bekunden und gestaltungskräftig darleben kann. Mich als Müller durchlässig zu machen für mich als Josef wird zur zentralen Aufgabe, zum Sinn meiner Übung und zum maßgebenden Inhalt meines Lebens, denn nur als transparente Person, in der Josef und Müller zur Integration gelangt sind, kann auch mein Wirken in der Welt dem überweltlichen Sinn meiner Existenz entsprechen und von Segen sein. Die Antwort auf das große Wozu lautet also: Transparenz für die im Wesen immanente Transzendenz.

Die Voraussetzung für dieses ist jedoch, daß ich einmal Josef gespürt habe, daß mir der Widerstreit zwischen dem, was Müller bewegt und was Josef möchte, erschreckend und verheißungsvoll deutlich geworden ist. Ferner, daß ich für das Ganze meines Lebens dem, was Josef sucht, den Vorrang gebe vor dem, was Müller meint, und das ganze Müller-Leben letztlich so gestalte, daß es für mein Leben immer mehr die günstigste Bedingung wird, unter der Josef sich als Josef Müller in der Welt bekunden, behaupten und seinsgemäß auswirken kann.

Wesen ist Leben, auf ewige Verwandlung gestellt. Als weltbezogenes Ich ist der Mensch letztlich aller Verwandlung abhold und auf Bleiben und Bleibendes gerichtet. Immerzu stellt er fest, kreist um das, was feststeht, hält sich in Positionen, verteidigt seinen Standpunkt. Was immer er erlebt – er fixiert es, macht es zum Gegenstand. So nur kann er es meistern. Dieses Vermögen unterscheidet ihn vom Tier, aber wenn es sich absolut setzt, trennt es ihn von Gott. Es widerspricht dem Drang seines auf dauernde Verwandlung seiner Gestalt gerichteten Wesens. Was immer er als Welt-Ich schafft, ist aber im höchsten Sinn gültig nur, wenn es dem Verwandlungsdrang aus dem Wesen keine Schranken setzt. So muß er um des überraumzeitlichen Wesens willen lernen, den Anspruch seines Ichs, das nur auf das in Raum und Zeit Bestehende gerichtet ist, einzuschränken. Er muß den Sinn all seines rational legitimierten Könnens darin sehen, dem Nicht-Rationalen seiner Wesenswirklichkeit Lebensräume zu schaffen.

Auch in seinem moralischen Verhalten muß sein Gehorsam gegenüber den in seiner Gemeinschaft geltenden, traditionellen Gesetzen und Regeln gegebenenfalls zurücktreten gegenüber unabdingbaren Forderungen des absoluten Gewissens, aus dem das Wesen spricht. Es kann dann zu Verhaltensweisen kommen, die, von der herrschenden Norm her gesehen, anstößig sind. Für den initiatischen Menschen ist das kein Grund zur Zurückhaltung. Maßgebend ist für ihn die Stimme des absoluten Gewissens.

Wie kommt der Josef durch den Müller durch?

8. Die Welt-Ich und Wesen wahrnehmende Instanz

Wer ist es eigentlich, der sich zwischen die Forderungen des Welt-Ichs einerseits und die des Wesens andererseits gestellt sieht und entscheiden muß, wem er gehorchen soll? Diese Frage wird nie gestellt, und doch ist ihre Beantwortung notwendig, wenn der initiatische Weg, der fortgesetzt solche Entscheidungen fordert, verantwortlich gegangen werden soll. Die Antwort kann nur in der schlichten Feststellung bestehen, daß der Mensch als bewußt und verantwortlich lebende Person in sich ein Zentrum hat, in dem er sich als Ich erlebt, das zweierlei sowohl kann als tun muß: Unterscheiden und entscheiden. Es ist die Instanz des Erkennens und der Freiheit.

Ständig z. B. hat der Mensch zu entscheiden, ob er einem Impuls des von seinen Trieben, Wünschen und Verpflichtungen gesteuerten Welt-Ichs nachgeben darf, oder aber einer Forderung aus dem Wesen, die diesem entgegengesetzt ist, zu folgen hat.

Das ist also ein Ich, das sich vom Welt-Ich und auch vom eigenen Wesen unterscheidet und beiden gleichsam als zwischen ihren Forderungen entscheidende Instanz übergeordnet ist. Dieses Ich kann das moralisch bestimmte Über-Ich sein, das Ich der Vaterwelt und Träger der in einer Gemeinschaft geltenden Gesetze. Oder aber es ist das gerade diesem Über-Ich gegenüber freie Bewußtseins- und Entscheidungszentrum, aus welchem eine übergeordnete Ganzheit spricht. Geht man davon aus, daß der Mensch ursprünglich zu einem Individuationsprozeß angelegt ist, in welchem sein transzendentes Inbild weltliche Gestalt werden soll, kann man das fragliche Zentrum als die Instanz ansehen, in der dieser Prozeß allmählich zu verantwortlichem Bewußtsein kommt.

Der Schritt vom moralisch bestimmten Über-Ich zu diesem tieferen Ich ist für das Eintreten in die initiatische Verwandlungsordnung entscheidend. Der zum initiatischen Weg Erwachte wird sich immer wieder daraufhin prüfen müssen, ob er aus der Freiheit seines Wesens handelt oder noch im Bann seines pragmatisch oder ethisch orientierten Ichs steht, des weiteren, in welcher Weise er zur Integration von Welt-Ich und Wesen gelangen kann. In diesem fraglichen Zentrum muß demnach die dem Menschen auferlegte Integration von Welt-Ich und Wesen vorgebildet sein.

In der Grundstruktur des personalen Selbstbewußtseins wird in der Selbsterfahrung noch ein weiteres sichtbar: eine auch noch diesem Zentrum übergeordnete Instanz, der gegenüber das zur Entscheidung zwischen Welt-Ich und Wesen bestimmte Ich sich von Augenblick zu Augenblick zu verantworten hat. Von dieser tieferen Instanz, die als eigentlicher Kern der Person die Präsenz des göttlichen Seins verkörpert, werden die getroffenen Entscheidungen anerkannt oder verworfen. Aus dieser Instanz spricht die Erwartung und Forderung des letztlich auf Integration mit dem Welt-Ich zielenden Wesens. Es ist Ausdruck der vorweggenommenen Ganzheit der überpersönlich bestimmten Vollperson.

Die für den Fortschritt auf dem initiatischen Weg erforderliche Bewußtwerdung des eigenen Selbstes bedarf der Wachheit des zwischen Wesen und Welt-Ich unterscheidenden und entscheidenden Zentrums. Ohne diese dem Werde-Anspruch des Wesens genügende Mitte wird sich der Übende immer wieder in einer unfruchtbaren Spannung zwischen dem Anspruch des Wesens und den natürlichen Wünschen des Welt-Ichs finden.

UNTERSCHEIDEN! ENTSCHEIDEN!

9. Seinsfühlung in Permanenz

Wem es vergönnt ist, das überweltliche Sein einmal wirklich in sich zu erfahren und dem in dieser Erfahrung enthaltenen Ruf zu dauernder Übung zu folgen, gewinnt ein sein ganzes Leben bestimmendes Verhältnis zur Transzendenz. Während der vorinitiatische Mensch, für den nur das von seinem persönlichen Erleben Unabhängige Wirklichkeit hat, Transzendenz in einen Raum außerhalb seines Welt-Ichs verlegt, erfährt der initiatisch Erwachte das überweltliche Sein innen. Als dieses Innen wird zunächst nur eine dem Menschen immanente Innerlichkeit angesehen. Dann aber, im Zuge der Entwicklung des initiatischen Menschen, wird das Innen begriffen als das allem Seienden innewohnende Sein. Es ist das Innen, das jenseits von innen und außen im gewöhnlichen Verstande des Wortes ist. Der „Ort" dieses Innen hat nichts mehr mit dem Räumlichen im üblichen Sinn zu tun.

Alles Räumliche ist im vorinitiatischen Menschen auf das Welt-Ich als Zentrum aller Wahrnehmung bezogen. Das Erfahrungszentrum des initiatischen Menschen ist von anderer Art. Der transzendente Grund, in dem es wurzelt, hebt die kategoriale Bestimmtheit der natürlichen Weltsicht auf. Dies bedeutet: Die initiatisch erfahrene Transzendenz liegt jenseits der fünf großen „W". Sie west jenseits eines jeden Was, Wo, Wann, Woher und Wohin. Zu den das natürliche Bewußtsein bestimmenden Kategorien von Raum und Zeit, Kausalität und Identität (Kant) kommt die alles Bewußtsein vorbestimmende „überraumzeitliche" Kategorie hinzu, von deren Präsenz her nunmehr alles raumzeitlich Bestimmte gesehen wird und seine eigentliche Bedeutung gewinnt.

Je tiefer der Mensch in seinem Innesein teilhat an der

Transzendenz, um so mehr ist sein gesamtes Selbst- und Welterleben in eine besondere Gestimmtheit getaucht. Ihr zufolge kann das überweltliche Sein aus allem und jedem, was ihm begegnet, anklingen. Eigentlich müßte sich der initiatisch Fortgeschrittene in einer permanenten Seinsfühlung befinden. Immer wieder in diese Seinsfühlung zu gelangen und sich selbst und alles, was ihm begegnet, im Lichte dieser Fühlung zu erfahren, erfordert eine bestimmte Einstellung. Das Gewinnen und Aufrechterhalten dieser Einstellung ist eine Grundübung des „Alltags als Übung".

Permanente Seinsfühlung als Faktum, Verheißung und Auftrag wird dann zur Grundqualität seines Lebens, die, wann immer sie verblaßt, Unbehagen erzeugt, das Gefühl schuldhafter Nachlässigkeit und einen Mangel an Kreativität. Ja, mehr noch: die der Präsenz des Seins zugeordnete Dreieinheit einer besonderen Kraft, Stimmigkeit und Geborgenheit ist nicht mehr da. Ihre Abwesenheit macht sich in einer Herabgestimmtheit des gesamten Lebensgefühls bemerkbar, freilich nur für den, der sich schon auf dem Wege befindet. Dies kann den initiatisch erwachten Menschen zur Ordnung rufen. Das ist die Ordnung der Verfassung, in der er wiederum transparent ist für das Sein. Die im Menschen aufgebrochene Wirklichkeit des Wesens wirkt als innerer Meister, der ohne Unterlaß als absolutes Gewissen seinen Weg begleitet.

Die Präsenz des Seins im Innesein gibt dem Menschen einen produktiven Abstand zu allem raumzeitlichen Dasein. Zugleich aber wird dieses in all seinen Erscheinungen zu einer Möglichkeit und Einladung, durch die Oberfläche des raumzeitlich Bedingten hindurch das ihm innewohnende Unbedingte zu erfahren, das auf Offenbarwerden drängt.

So kommt es, daß der zum Initiatischen Erwachte alles, was ihn umgibt, als etwas erfährt, das in seiner raumzeitlichen Bestimmtheit und Begrenztheit zugleich unerlöstes Sein birgt. So empfindet er als nie voll zu erfüllende Aufgabe im Umgang mit allem, was ihm begegnet, zumindest in seiner Weise, das ihm Begegnende zu schauen: das im raumzeitlich Bedingten gefangene Sein zu erlösen. Dann wirkt sich auch in der Begegnung mit dem anderen Menschen mit innerer Notwendigkeit die Kraft aus, die den anderen zu seinem Wesen befreit.

ALLES SICHTBARE EIN IN EINEN GEHEIMNISZUSTAND ERHOBENES UNSICHTBARES (NOVALIS)

10. Neuland

Wer wirklich zum Initiatischen erwacht und dem Ruf zu einem initiatischen Leben folgt, betritt vollkommenes Neuland. Es ist alles, alles anders. Anders in seiner Qualität, anders in seiner Bedeutung, anders im Sinn seiner Erscheinung, anders als Gegenstand der Erkenntnis, anders als Anruf zu bestimmtem Verhalten, anders das Verhältnis zum anderen Menschen wie zum ganzen Dasein.

Der Neuling auf dem Wege betritt wirklich Neuland – voller Überraschungen, Verlockungen und Gefahren. Vieles erschreckt ihn, anderes erscheint ihm urvertraut. Notwendigerweise hängt er anfänglich zwischen zwei Fronten: zwischen dem Anruf, der Verheißung und der Verpflichtung des Neuen und dem nachhängenden Schwergewicht des Alten und Vertrauten; zwischen dem Wagnis in einem Unbekannten und der ihn zurückrufenden Sicherheit im Gewohnten; zwischen eigenwilligen

Impulsen noch unvertrauter Mächte und der Treue zu alten Instanzen. Dann geht es um die Eindeutigkeit der Entscheidung und um die Treue zu dieser Entscheidung: heraus aus der Enge sichernder Ordnung, hinein in die Weite ungesicherter Freiheit; in das Wagnis eines Ungehorsams gegenüber herrschenden Ordnungen und Gesetzen und eines Gehorsams gegenüber dem Unerhörten, das verheißungsvoll und fordernd aus der Tiefe des eigenen Wesens hervorbricht; heraus aus der Oberflächlichkeit wohleingespielter menschlicher Beziehungen in das Wagnis der Einsamkeit, die mit der Tiefe einhergeht und nur noch Verbindungen zuläßt, in denen die Stimme der Tiefe anklingen darf und einen Widerhall findet. Er ist Mitbürger eines neuen Reiches, zu dem er ursprünglich gehört, das aber nicht von dieser Welt ist, und in das er nun heimzukehren beginnt. Er hat eine echte Beziehung auch nur zu denen, die er als Brüder und Schwestern im Sein empfindet.

Das Neuland, das der zum Initiatischen Erwachte betritt, ist immer ein Land von Revolutionären. Bestehende Ordnungen werden nur anerkannt, wo sie dem Neuwerden den Raum bereiten, aber angegriffen, wo sie das Zukunftsträchtige erdrücken. Der initiatische Mensch ist ein Herd der Unruhe. Er bleibt nicht stehen, insbesondere nicht dort, wo er im Stufengang seines Werdens das jeweils Gesuchte findet. Für ihn gilt auch die buddhistische Weisheit: „Kommst du an einen Platz, wo du Buddha nicht findest, dann gehe weiter. Kommst du aber an einen Platz, wo du Buddha findest, dann laufe weiter."

Initiatisches Leben ist immer überraschendes Leben und gefährlich für seine Feinde, für seine Freunde und für ihn selbst.

Kein Stehenbleiben – kein Ankommen

Drittes Kapitel

Entwicklungsschritte des Menschen in initiatischer Sicht

1. Die fünf Stufen

Meditieren als initiatische Übung ist der Gehorsam gegenüber einer Forderung, die sich auf einer bestimmten Stufe des Menschen erhebt. Auf diese Stufe hin gesehen, gewinnen alle vorangegangenen Stufen ihre besondere Bedeutung.

Menschliches Leben erfüllt oder verfehlt sich in der Spannung zwischen seinem unbedingten überweltlichen Wesen und seinem weltbezogenen und weltbedingten Ich. Mit seiner ersten Bewußtwerdung zum eigen-ständigen Ich stellt er sich in eine Eigenmächtigkeit seiner selbst und entwickelt sich als Bewußtseinsträger zunächst in der Abkehr von seinem Wesen. Er wird zu einem Welt-Ich.

Dieses Welt-Ich entwickelt sich zunächst zu einem Ich, das in naiver Weise zur Erfüllung seiner primären Triebe Sicherheit und lusterfülltes Behagen sucht und hierzu nach Besitz, Geltung und Macht verlangt. Die Entwicklung dieses Ichs ist eine notwendige Stufe auf dem Wege zu einer weltkräftigen Person, und nichts ist verfehlter, als die Entwicklung eines kräftigen, auch egozentrischen Ichs im Kinde verhindern zu wollen. Das „nur brave“ Kind, das sich nie auflehnt, trotzt und bockt, weil es all seine natürlichen Triebe unterdrückt, wird in der Regel später zum weltschwachen Neurotiker und bleibt als solcher dem Wesen verstellt.

Etwas anderes ist die Entwicklung des Welt-Ichs, das nicht nur um sich selbst und die Erfüllung seiner Triebe kreist, sondern in der Überwindung seiner naiven Egozentrik zum Dienst am Anderen, einer Sache, einem Menschen oder einer Gemeinschaft, fähig wird. Initiatisch gesehen ist die Überwindung der Egozentrik durch eine das kleine Ich übersteigende Sachlichkeit, Wertbezogenheit und selbstlose Hingabe an Mitmensch und Werk Ausdruck eines ersten Einbruchs einer die Sphäre der natürlichen Triebe transzendierenden Dimension.

Diese Stufe ist unabdingbar, und selbst in einer Zeit wie der unsrigen, wo eine heranwachsende Jugend bisweilen allen herkömmlichen Werten und Ordnungen Hohn zu sprechen scheint, nimmt sie im Entwicklungsgang des Menschen ihren Platz ein. Aber die Gefahr dieser Stufe ist, daß der auch schon numinose Charakter selbstloser Hingabe das eigentliche Wachstum aus dem Wesen überschattet.

Dem Menschen ist aber zweierlei aufgegeben: Die Welt zu meistern und zu gestalten im *Werk*, und zur Auszeugung und Bekundung seines überweltlichen Wesens zu reifen auf dem inneren *Weg*. Die heute sich vollziehende Wendung zum Initiatischen rückt den Auftrag, zu reifen, endlich auf den ihm gebührenden Platz. Der entscheidende Sinn des Reifens aber erfüllt sich erst im Durchbruch durch alle Ordnungen des Welt-Ichs in die Tiefe des Wesens in der Erfahrung des Seins. Wo der in ihr enthaltene Auftrag, die Auszeugung des Wesens, zum maßgebenden Sinn eines neuen Lebens wird, betritt der Mensch erst vollends die initiatische Stufe seines Lebens.

Allen Entwicklungsstufen des Menschen vorgegeben

und eingelagert ist jene ursprüngliche Stufe des Menschseins, in der die Aufgehobenheit im ursprünglichen Ganzen noch dominiert – auch dort noch, wo das zur Eigenständigkeit bestimmte Ich bereits zu erwachen beginnt. Der Stufe der Wesensentdeckung nachgeordnet ist die letzte Stufe, in der der Mensch aus seinem Wesen heraus wiederum die Welt in neuer Weise ernstzunehmen hat. Dies ist die Stufe, auf der das Welt-Ich nicht mehr um des Wesens willen zurückgestellt wird, sondern umgekehrt der Mensch das Wesen in sein Welt-Ich aufnimmt und dieses in der Verwurzelung im Wesen hält. Leben in initiatischer Sicht erfüllt sich erst dort, wo das in ihr aufgehende Wesen zur sinngebenden Wurzelkraft des Welt-Ichs wird.

Die fünf Stufen der menschlichen Entwicklung erscheinen im Leben nicht als eine einmalige Folge. Sie sind zugleich fünf Weisen seiner Existenz, die ineinander verflochten wechselnd sein Leben bestimmen. Erst wo das Initiatische die Führung gewinnt, wirken sie fruchtbar zur Sinnerfüllung zusammen. Die Entwicklung des Menschen erscheint in initiatischer Sicht als eine Folge von Stufen, auf denen sich, bewußt oder unbewußt, allmählich das Wesen durchsetzt, sowohl allmählich bewußt wird, als auch sich in der sich wandelnden Führung des Lebens auswirkt. Wo der Maßstab der Beurteilung und Bewertung der Entwicklungsstufen des Menschen die Selbstauszeugung des Wesens ist, erscheinen alle Stufen in einem anderen Licht als dort, wo die leistungskräftige, zuverlässig in ihren Wertordnungen sich bewährende Persönlichkeit als Gipfel möglichen Menschseins angesehen wird.

Der Entwicklungsgang des Menschen gleicht einem Wechselspiel, darin der Mensch sich bald vom Wesen ergriffen, in seinem Zeichen, fühlt und handelt, bald von ihm abgewandt, wesensfern lebt und wirkt. Je mehr wir heute das Ganze des Lebens in initiatischer Sicht sehen, um so mehr wird das Wirken des Wesens auf allen Stufen erkennbar. Auch dort, wo der Mensch, im Rationalen befangen, seine Wurzeln im Wesen vergißt, schafft er zugleich schon den leidvollen Hintergrund, vor dem es wiederum ins Bewußtsein tritt. In dem Maß, als der Mensch von heute dem Werdedrang aus dem Wesen den Vorrang gibt vor der Ausbildung weltmeisternder Fähigkeiten und Gaben, wird er auf allen Gebieten des Lebens Gelegenheit finden und wahrnehmen, die Selbstverwirklichung aus dem Wesen zu fördern. Er wird dies umso bereitwilliger tun, als er erkennt, daß das Innewerden des Wesens seine Weltkraft nicht schmälert, sondern im Gegenteil noch verstärkt und ihn befähigt, die Leiden des Lebens fruchtbar werden zu lassen. Der zu technischen Höchstleistungen gelangende Mensch unserer Zeit kann letztlich auch durch sie zu einer Bezeugung transzendenter Wirklichkeit gelangen, von der vergangene Zeiten nichts ahnten.

Von Stufe zu Stufe

2. Immanente Transzendenz

Der Unterschied zwischen dem vorinitiatischen und dem initiatischen Leben spiegelt sich besonders im Unterschied der maß- und richtunggebenden Instanzen. Vorinitiatisches Leben orientiert sich an äußeren Autoritäten, die den Menschen als außenstehende Macht oder Vorbild in seinem Handeln und seinem Gewissen bestimmen. Mit der Wendung zum initiatischen Leben kommt die Autorität des ins Innesein getretenen Wesens hinzu, um schließlich als zentrale Instanz die Führung zu übernehmen.

Auf allen Stufen menschlicher Entwicklung steht das Leben im Zeichen einer für diese Stufe maßgebenden Instanz. Auf der vorrationalen Stufe gehorcht die Entwicklung wie auch der Anfang alles bewußten Lebens dem Gesetz eines übergreifenden Ganzen. Es ist die Zeit des natürlichen Wachstums, das beherrscht ist vom Gesetz des Lebens. Mit wachsender Bewußtheit gesellen sich zu den unbewußten Richtkräften der Natur die von außen kommenden Weisungen. Dann treten in Widerstreit die Eigenwünsche und Triebe mit äußeren „Autoritäten" in Gestalt der Eltern und Erzieher, denen der Mensch zu gehorchen hat; später dann mit den herrschenden, für alles Verhalten maßgebenden Wertordnungen. Der Konflikt zwischen Trieb und Gehorsam, „Pflicht und Neigung", bringt Leiden.

Mit dem initiatischen Sprung vollzieht sich die Wendung von einem Bestimmtsein nur durch äußere Autoritäten zum maßgebenden Bestimmtsein durch die Wesensautorität innen.

Je mehr der Mensch seine Eigenständigkeit auf seine natürlichen Kräfte, insbesondere seine rationalen Gaben und auf sein technisches Können gründet, um so mehr wird er versucht sein, jede überweltliche göttliche Instanz als einem Kinderglauben zugehörig abzulehnen. Je mehr er sich aber auch in seiner Innerlichkeit von einer solchen trennt, um so sicherer wird sie ihn jenseits aller religiösen Begriffe und trotz aller Rationalität – weil sie seine ursprüngliche Heimat ist – früher oder später, ob er es will oder nicht, heim-suchen. Dann entstehen jene menschlichen Krisen, deren unsere Zeit voll ist. Mit gleich großer Kraft und Intensität, mit der Gott für tot erklärt wird, erhebt das Geheimnis göttlichen Seins seine Stimme in neuer Weise und tritt in neuen Erfahrungen und Verheißungen ins Innesein. Es formuliert sich in neuen Begriffen und erweist seine Realität in revolutionären Bewegungen, einer Vielzahl neuartiger geistiger Strömungen, insbesondere aber im Verlangen nach geistiger Führung und Exerzitien, deren gemeinsamer Sinn eine Einswerdung mit dem Wesen ist. Die wahre Wurzelkraft alles, auch des menschlichen Lebens taucht als immanente Transzendenz auf. Von nun an unterscheiden sich die Geister: die, für die göttliche Autorität entweder überhaupt nicht existiert oder trotz mancherlei innerer Erfahrungen nur in einem jenseitigen Außen zu suchen ist, und die, für die sie innen ist, auch dann, wenn sie der Tradition gemäß im Gebet, im Kult und im Begriff in ein Außen verlegt zu sein scheint. Im Fortschreiten initiatischer Wahrheitserkenntnis jedoch fällt der Gegensatz „innen und außen“ in sich zusammen. Das im initiatischen Bewußtsein aufgehende Sein west jenseits dieses Gegensatzes, der nunmehr als zwei verschiedenen Bewußtseinsweisen zugehörig erkannt wird.

Im christlichen Raum ist die Wendung zur göttlichen Autorität innen die Befreiung vom Gesetz, die Christus vollzieht, wo er den Menschen zu der in seinem Wesen lebendigen Quelle des göttlichen Geistes erweckt. Anstelle des Gehorsams gegenüber dem sich in Gesetzen und Geboten äußernden fernen Gott tritt der Gehorsam gegenüber dem innen erfahrenen Gott, der ihn mit diesem Innewerden zur Mündigkeit aufruft. Das hindert nicht, daß der Mensch in die Knie geht im Gebet und im Kult und sich so im Vertrauen dem hingibt, an dessen allumfassender und alldurchdringender Totalität er zwar teilhat, aber mit der er doch nicht identisch ist. Das ist die Verwandlung vom Knecht eines fernen Herrn zum Sohn des Vaters. Hier ist in christlicher Sprache die initiatische Wendung des Menschen vollzogen. Sie vorzubereiten, zu vollziehen und von ihr aus ein Leben auf neuer Stufe zu leben, ist der Sinn initiatischen Meditierens.

Im Ich getrennt – im Wesen eins

3. Initiatischer Weg und religiöser Glaube

Der Glaube des initiatischen Menschen ist nicht der Glaube *an* etwas, sondern *aus* etwas. Er ist gegründet auf einem von Erfahrung gesättigten „Wissen" um die Wirklichkeit des überweltlichen, göttlichen Lebens. Die Gnade, in der das Göttliche sich mitteilt, erscheint für ihn nicht im Mirakel, das den Menschen unerwartet trifft, sondern als größte Gnade empfindet er das ihm eingeborene Wesen, in dem das göttliche Sein in individueller Weise in ihm am Werk ist. Dieses Wesen ins Bewußtsein zu heben, sich in ihm zu verankern und zu lernen, von ihm zu zeugen, ist der Sinn geistlicher Übung.

Der Glaube, der aus einer Großen Seinserfahrung wächst, kennt nicht den Zweifel. Die französische Sprache hat für „Glaube" zwei Worte: „foi" und „croyance"; die englische Sprache : „faith" und „belief". „Faith" und „la foi" kennen keinen Zweifel. Sie gründen im fraglosen Geöffnetsein gegenüber der aus den Heiligen Schriften sprechenden Offenbarung. Wo das fraglose Hinnehmenkönnen durch das Einbrechen der Ratio zu einem Infragestellen wird, wird „faith" zu „belief" und „la foi" zur „croyance", das heißt Glaube zu einem Fürwahrhaltenmüssen, das dem Zweifel ausgesetzt ist. Dann wird der unbedingte Glaube zu einem bedingten Glauben, der früher oder später nach Argumenten fragt und damit auf Sand gebaut ist. Das ist die Gefahr, die dem Glauben droht, wo die Ratio zu entscheiden beginnt, was Wirklichkeit hat oder nicht. Wo aber das Sein ins Innesein tritt, erfährt sich der Mensch über allen Zweifel hinaus einer neuen Wirklichkeit zugehörig. Das Bewußtsein dieser Wirklichkeit gründet in einer Erfahrung, die Offenbarungscharakter hat und an der kein Zweifel rütteln kann. Nur ein Glaube, der nicht auf Erfahrung beruht, sondern sich auf eine von der Erfahrung unabhängige Wirklichkeit bezieht, kann dem Zweifel ausgesetzt werden. Initiatische Erfahrung begründet wiederum Glauben im Sinn von faith und la foi.

Aus einem wahrhaft lebendigen Glauben spricht eine Selbstkundgabe des göttlichen Geistes. Er findet seinen Ausdruck in einer hymnischen Religiosität, die – unbewußt – initiatischer Natur ist. Wo der Glaube noch lebendig ist, sind Glaubensbekenntnis und Gebet, Lobgesang und religiöser Kult immer Ausdruck und Bekräftigung einer immanenten Transzendenz. Das ist eine Transzendenz, die im Gläubigen als das Innerste und Allumfangende seiner selbst sowohl wie seiner Welt offenbar wird. Ihr Ausdruck sind Vertrauen, Ergriffenheit und Hingabe, allem Zweifel enthoben, allem Leiden überlegen. Die Frage ist nur: Wie weit durchdringt solcher Glaube auch den Alltag, wie weit hält er dem Einbruch der Ratio stand, wie weit verwandelt er den Menschen als Person?

Was eine dem Zeitlosen entfremdete Geistigkeit einer vor unendlichen Zeiten erfolgten göttlichen Botschaft zuordnet und als die geheiligte Tradition ansieht, ist, recht verstanden, die zeitlose, in jeder Großen Seinserfahrung enthaltene Offenbarung der universalen Wahrheit.

In der Erfahrung des uns immanenten überweltlichen

Wesens gründet das aller Ratio überlegene Lebensbewußtsein des initiatischen Menschen. Sein Leben beginnt mit einer von ihm anerkannten „mystischen" Offenbarung. Es ist aber ein Unterschied zwischen dem reinen Mystiker und dem initiatischen Menschen. Das Leben des Mystikers ist ein immer erneutes Ergriffensein vom Göttlichen in transzendenten Erlebnissen, während der initiatische Mensch planmäßig an einer Verfassung des ganzen Menschen arbeitet, die nicht nur die Bedingungen für solche Erlebnisse vermehrt, sondern über das Erleben hinaus die Verankerung des Erlebten in einer haltbaren Struktur der Person in den Vordergrund stellt. So ist der initiatische Weg das uns eingeborene göttliche Wesen selbst in der Bewegung fortschreitender Auszeugung des ihm innewohnenden Inbildes. Es gibt den Mystiker ohne initiatischen Anspruch, aber es gibt keinen initiatisch Voranschreitenden ohne grundlegendes mystisches Erlebnis. Der initiatische Mensch findet in seinem Wesen sein eigentliches Leben, seine existentielle Wahrheit als Weg zur Gestaltwerdung in der Welt.

Die Wendung vom vorinitiatischen zum initiatischen Menschen bedeutet den Sprung auf eine neue Stufe des Menschseins. Der Einbruch des WESENS und die Möglichkeit, ja, bei gegebener Stufe, die Verpflichtung zu diesem Sprung, ist in dem Umfang, in dem es heute geschieht, ein wirkliches Novum, ein wirklicher neuer Wein für die nach Erlösung und schöpferischen Möglichkeiten dürstende Menschheit. Wo er bisweilen noch zögernd empfangen und gekostet wird, droht ihm freilich eine Gefahr: daß er in alte Schläuche gefüllt, d. h. lediglich zur Erneuerung und Belebung von herkömmlichen Formen und Formeln des religiösen Lebens benutzt wird, die selbst der Erfahrung entrückt sind. Das Aufgehen des Geheimnisses im initiatischen Erleben erschließt wohl den tiefen Sinn überlieferter Glaubensformen und -kulte neu und erfüllt sie dadurch mit neuem Leben. Es entspricht aber nicht dem Rang und der Stufe der initiatischen Religiosität, den in ihr unmittelbar erfolgenden Einbruch des Göttlichen wieder in einer Weise zu verstehen, die den inneren Lebensraum des Menschen auf seinen nur natürlichen Horizont beschränkt. Dann geschieht es, daß die neue Quelle, wo man sie vertrocknenden Regionen zufließen läßt, wieder versiegt.

Für den vorinitiatischen Menschen bewährt sich der christliche Geist im Werk der Liebe in der Welt, für den initiatischen Menschen aber primär im Gehorsam gegenüber dem Anruf Christi, ihn im eigenen Wesen zu finden und in der Freiheit des Mündiggewordenen zu bezeugen. Die Rechtfertigung seines Daseins kommt nicht aus seinem Werk oder dem Glauben allein, sondern aus seiner Verwandlung im Sein, die ihrerseits sich dann auch im Werk und in einem neuen Glauben bekundet. Der so Verwandelte erst kann zu jener Erlösung gelangen, die die Befreiung zur Teilhabe am Werk der weitergehenden Schöpfung bedeutet. Das setzt aber auch ein aus dem Wesen heraus neu gewordenes, weltkräftiges Ich voraus, die Person, in der der Geist wirklich Fleisch und Blut geworden ist. Hier erst erfüllt sich initiatisches Leben in einer *Person*, die durchlässig geworden ist nicht nur zu immer neuer Erfahrung ihrer Teilhabe am göttlichen Sein, sondern zu seiner Bekundung im weltverwandelnden Werk.

Glaube ohne Zweifel

4. *Das vorrationale Lebensbewußtsein*

Der Unterschied zwischen dem vorinitiatischen Menschen, der im wesentlichen in seiner rational gefaßten Weltwirklichkeit lebt und daher die Transzendenz – wenn sie überhaupt in seinem Leben eine Rolle spielt – in ein weltfernes Jenseits verlegt, und dem initiatischen, der sie als das Maßgebende innen erfuhr, bedarf einer für das Verständnis sowohl des initiatischen als des vorinitiatischen Menschen wichtigen Ergänzung: den Hinweis auf den noch nicht aus den Armen des göttlichen Seins herausgefallenen Menschen. Das ist der Mensch, der, obwohl er in natürlicher Weise zur rational bedingten Wirklichkeitssicht gelangt ist, also die ganz natürliche, zum Menschwerden gehörige Form des fixierenden Bewußtseins und seine Ordnungen entwickelt hat, doch in seinem ganzen Lebensgefühl noch aus der vorrationalen Gestimmtheit heraus lebt. Die ursprüngliche Ganzheit des Lebens ist noch nicht zerrissen. Ja, so wie es für das Kind die Zeit gibt, in der das erwachende rational bestimmte Weltbewußtsein das vorrationale Existenzgefühl noch nicht vernichtet, sondern im Gegenteil als Hintergrund einer numinosen Lebensgestimmtheit wirkt, so gibt es auch den Erwachsenen, in dem in seinem Verhältnis zur Natur und zu seinem Schicksal, zu seinem ganzen Leben, sich dic Präsenz des überweltlichen Seins in einem noch ungebrochenen Urvertrauen auswirkt. Der Mensch lebt noch in einer Grundgestimmtheit von transzendentalem Charakter. In ihr ist auch dann noch das Göttliche als Innenwirklichkeit mitschwingend enthalten, wenn sie im formulierten Glauben nach außen verlegt wird. Selbst das scheinbar von außen kommende Wunder, das Mirakel, die mirakulösen Gebetserfüllungen und Gnadenerfahrungen werden ohne erschrockenes Erstaunen hingenommen, denn sie vollziehen sich innerhalb eines Lebensbewußtseins, darin das menschliche Schicksal und die übermenschliche Ordnung des allumfassenden Ganzen noch nicht getrennt empfunden oder gedacht werden. Die numinose Grundstimmung kann auch unbewußt ein Leben durchwirken, wo der Mensch in einer areligiösen Gemeinschaft aufwuchs, in der er nie etwas vom Göttlichen als etwas Ernstzunehmendem erfuhr.

Die insgeheim mitschwingende Präsenz der unaufhebbaren Zugehörigkeit zu einem überweltlichen Ganzen ist letztlich auch die Voraussetzung dafür, daß es nach einer Zeit der Trennung in besonderem Erleben, dem initiatischen Erleben, als das verlorengegangene Geheimnis wiedergefunden werden kann.

Alle Stufen trägt das Eine

5. *Initiatische Begabung*

Das Initiatische kennzeichnet eine bestimmte Stufe des Menschseins. Diese Stufe kann mehr oder weniger angeboren oder aber erworben sein. Wo sie angeboren ist, hat der Mensch von vornherein eine freilich noch unterbewußte Fühlung mit dem Wesen. Man wäre versucht, zu sagen, daß seine Seele ihn in einem früheren Leben zur hohen Stufe eines vom Sein durchwirkten Lebens gelangen ließ, so daß er in diesem Leben unbewußt schon auf einer Stufe beginnt, die ein anderer erst zu erringen hat. Er ist dann von vornherein schon vom Wesen her und auf das Wesen hin gestimmt, und dies in einem Maße, daß ihm das Bewußtwerden des Wesens viel früher geschenkt wird als einem anderen. Früher als andere hat er die Chance, zu einer Reife zu gelangen, deren Frucht das Leben aus dem Wesen ist. Im anderen Fall ist initiatische Fühlung und initiatisches Leben die Folge schicksalhafter Einbrüche und die Frucht unermüdlicher Arbeit. Ohne solche Arbeit kommt aber auch der ursprünglich zum Initiatischen Begabte und der vom Schicksal betroffene Mensch nicht voran; so wie umgekehrt der ursprünglich nicht initiatische Mensch doch jener gewissen Urverbundenheit bedarf, die, als übernatürlicher Drang und Sehnsucht lebendig, ihn auf den Weg bringt und ihm hilft, das Licht zu erkennen, das gerade aus seinen dunkelsten Stunden, wenn er ihnen standhält, wegweisend hervorleuchtet.

Es gibt aber auch Menschen, die ihr Leben ohne initiatische Begabung und Fühlung leben müssen. Es sind Menschen, die unbegabt sind zum Reifen. Doch die doch auch in ihnen vorhandene Sehnsucht veranlaßt sie vielleicht mehr als andere, zu suchen. Sie versuchen, durch die Beschäftigung mit übersinnlichen Dingen, durch die Lektüre esoterischer Literatur und allerlei Versenkungspraktiken an das Geheimnis heranzukommen. Doch alles, was sie dabei erleben, führt nur selten zu einer Verwandlung.

Es gibt Menschen, die mehr leiden als andere. Aber Schicksalsschläge, die bei anderen die Krusten durchschlagen, werden nicht zu Schwellenerlebnissen, werden als Erfahrungen nicht fruchtbar; noch im Alter haben sie nichts verstanden und verbittern. Andere wiederum finden zwar keinen Zugang zu einem initiatischen Bewußtsein und Leben, aber gelangen doch zu einem Lebensgefühl, das numinosen Charakter hat. Ihre Beziehung zur Transzendenz kann in verschiedener Weise in Erscheinung treten: in einem Rest ihres Kinderglaubens an den „lieben Gott"; in einem besonderen Verhältnis zu den Geheimnissen der Natur; in ihrer ichlosen Treue zu ethischen Werten; in einer quasi religiösen Auffassung menschlicher Gemeinschaft. Das hier erlebte Numinose führt aber nicht zur befreienden und verpflichtenden Einsfühlung mit dem Wesen. Es kommt nicht zur alles verwandelnden Großen Erfahrung.

Eine Erschwerung initiatischer Erfahrung kommt häufig nicht nur aus einer mangelnden „Begabung" für den inneren Weg, sondern aus einem zu großen Reichtum an Gaben zur Bewältigung und Sinnerfüllung rein weltlichen Daseins. Intellektuelle Begabung, die alles begrifflich zu sehen und zu ordnen verführt, ist häufig ein Hindernis auf dem Wege zu einer Wirklichkeit, deren erstes Auftauchen das fixierende Bewußtsein nicht verträgt.

Dagegen wird eine Zeit, die wie die unsere beherrscht ist von rationalem Denken, es sich nicht nehmen lassen, den Gehalt gefestigter Seinserfahrungen auch begrifflich zu fassen. Wirklich verstehen aber wird solche Begriffe nur, wer selbst die überbegriffliche Erfahrung besitzt. So ist auch geistliche Erfahrung die Voraussetzung gültiger Exegese.

Ohren haben zu hören

Viertes Kapitel

Verfehlung und Wiederentdeckung der Ganzheit

1. Größe und Tragik des abendländischen Geistes

Der Ton „C“

Was ist der Ton „C“? 256 Schwingungen in der Sekunde. Kann man das sagen? Wohl schwingt, wo immer der Ton „C“ erklingt, ein Medium in der Geschwindigkeit von 256 Wellen in der Sekunde, aber der Ton „C“ *ist* etwas ganz anderes. Er ist eine vom Menschen erlebte Qualität von bestimmtem Charakter und besonderer Stimmung, unterschieden von allen anderen Tönen. Er rührt einen in besonderer Weise an, anders als der Ton „D“. Man begegnet in ihm einer anderen Wesenheit als im Ton „D“.

All diesen Aussagen diametral gegenüber steht die Behauptung, nach der der Ton „C“ in Wahrheit nichts anderes ist als nur 256 Schwingungen in der Sekunde. Doch was heißt hier „Wahrheit“? Es ist die Wahrheit, nach der nur das unabhängig vom menschlichen Erleben Bestehende Wirklichkeit hat, hier also die Wellen. Von diesem Standpunkt aus ist der Ton als erlebte Qualität etwas „nur“ Subjektives. Objektive Wirklichkeit hat der Ton „C“ nur in der Schwingungszahl seiner Wellen. Im Siege dieser Auffassung von dem, was „Wirklichkeit“ ist, über jene, die *die* Wirklichkeit ernstnimmt, in der der Mensch als

Subjekt sein Leben in Qualitäten und in der Begegnung mit einem Du erfährt, erleidet oder erfüllt, gründet die Größe sowohl wie die Tragik des abendländischen Geistes, in der wir alle befangen sind.

Die Größe gründet im Wahrnehmen und Ernstnehmen einer vom menschlichen Erleben unabhängigen Wirklichkeit. Dieses ist die Grundlage für den Höhenflug des europäischen Geistes in seiner Bezogenheit auf das objektive Werk, zuvörderst der gegenständlich fixierenden Erkenntnis und der sich aus ihr entwickelnden Wissenschaft, vor allem der Naturwissenschaft und der auf ihr gründenden Technik und damit der Beherrschung der Natur. Es ist die objektive, die gültige, aller Kritik standhaltende Leistung, auf die es ankommt, das in sich stimmige, überdauernde Werk, sei das Ergebnis ein philosophisches System, ein Kunstwerk, eine organisierte Gesellschaft, ein in sich funktionierender Betrieb oder eine Maschine. Zu den objektiven Werken gehört auch das an objektiven Werten orientierte Verhalten, das gute Werk und jede „Logie“. Die einseitig auf objektive Leistung und Werk bezogene Einstellung fragt nicht nach dem inneren Menschen und seinem wahren Selbst.

Die Leistungskraft des Menschen, die sich im Dienst einer vom menschlichen Erleben unabhängigen Wirklichkeit entwickelt, erfüllt jedoch nur die Aufgaben, Forderungen und Möglichkeiten *einer* Seite, der Weltseite des menschlichen Lebens. Wo die ihr dienende Kraft sich absolut setzt, übergeht sie den Menschen als innerlich erlebende und sich selbst zur Entwicklung aufgegebene Person. Dominierende Einstellung auf objektiv gültige Leistung, Ausrichtung auf ethisch gerechtfertigtes moralisches Verhalten verdrängen hier die Möglichkeit und den Auftrag zur vollen Selbstverwirklichung. So trennt sie den

Menschen von seinem personalen Grund und damit auch von der ihm immanenten Transzendenz, seinem göttlichen Wesen.

Die Tragik des abendländischen Geistes beruht darauf, daß der Mensch als erlebendes Subjekt immer mehr in den Schatten gerät.

Wie nie zuvor wird heute diese Not von der westlichen Menschheit gespürt. Das Wesen, das unabdingbar der Kern des Menschen ist, verlangt sein Recht. Seiner Not zu steuern ist der Sinn von vielen Bewegungen, die der Befreiung des menschlichen Subjektes dienen. Zunächst geht es um die Befreiung der Natur aus der Zwangsjacke der so vielen ihr mit der modernen Zivilisation umgelegten Fesseln. Dann aber geht es um die Befreiung der Übernatur. Ihr dient die Wende zum Initiatischen, angefangen vom Ernstnehmen der das Wesen bekundenden Erfahrungen.

Erfahrbare Qualität gegen messbare Quantität

2. *Die Befreiung des Menschen*

Die die Neue Zeit bestimmende Befreiung des Menschen zu seiner personalen Ganzheit erfolgt in zwei Schritten: Der erste ist die Befreiung des natürlichen Menschen, der zweite die Befreiung seines übernatürlichen Wesens. Die Träger der Neuen Zeit wagen die Wiederentdeckung und Befreiung ihrer Natur und darüberhinaus die zugleich von der bloßen Natur erlösende und in der Übernatur verankernde Verwirklichung eines höheren Selbstes.

Die Gesellschaft der Neuzeit ist eine Leistungsgesellschaft geworden. In ihr kommt es darauf an, was der Mensch hat, kann und weiß, was er leistet und wie er sich seinen Mitmenschen gegenüber verhält. Die Frage nach dem, der er *ist* und vollends *zu werden* bestimmt ist, bleibt unberücksichtigt. So wird sein Ganz-Mensch-sein-Können in zweierlei Weise gefährdet: er wird eingeschränkt im unverstellten Ausdruck seiner natürlichen Triebe und Wünsche; er wird in unserer Kultur aber zugleich auch getrennt von seinem übernatürlichen Wesen, von dem, was eigentlich den Geist des Menschen ausmachen und bestimmen sollte. So erleben wir in unserer Zeit auch eine zweifache Bemühung um die Wiederherstellung des Menschen: in der Medizin und Psychotherapie bis hin zu den jüngsten Formen von Selbsterfahrungsgruppen, Gestaltpsychologie und Psychodrama, Methoden, die vor allem seine Befreiung von eingefleischten Hemmungen und Verstellungen seiner natürlichen Menschlichkeit ermöglichen sollen. In initiatischer Sicht haben die der Befreiung der Natur dienenden Methoden nur dann wirklichen Wert, wenn sie dazu helfen, dem Wesen den Weg freizulegen.

In neuerer Zeit tritt nun über die Ansprüche des natürlichen Menschen hinaus der Kern des Menschen, das Wesen, fordernd auf den Plan. Dieses Faktum stellt die verantwortlichen Erzieher, Therapeuten und Seelsorger vor eine völlig neue Aufgabe. Sie verlangt erstmalig nach dem Führer auf dem inneren Weg, dem Guru, dem Meister. An die Stelle der Übung zu objektiver Leistung tritt die Übung zum inneren Werden. Dabei handelt es sich nicht nur um zeitlich begrenzte meditative Versenkungsübungen, sondern um Einübung einer meditativen Grundhaltung und eine Fülle zentrierender, den ganzen Alltag verwandelnder Praktiken.

Freiheit für Natur und Übernatur

3. Verlust und Wiederfinden der Ganzheit

Am Anfang alles bewußten Werdens steht das Wahrnehmen und Ernstnehmen der Gegensätze, in die die ursprüngliche Ganzheit im Bewußtsein menschlichen Lebens aufbricht, der Gegensätze von Wesen und Welt-Ich, Yin und Yang, Männlich und Weiblich, raumzeitlich und überraumzeitlich, Kernkraft und weltliche Gaben u. a. Ihr Streben nach Wiedereinswerden auf neuer Stufe ist der Motor des Werdens. Der Verlust der Ganzheit und der ihm gemäßen Schau bedeutet für das menschliche Dasein:

Verhüllung des Wesens als Weise, in der das allumfassende Ganze des Lebens individuell anwesend ist;

Verflachung – im Verlust des Ganzen entsteht erst die Spannung von Oberflächenbewußtsein und Tiefe;

Verengung auf den Horizont des vom Trieb-Gefühl-Intellekt bestimmten Ichs;

Verhärtung im Vorrangigwerden der vom fixierenden Ich erstrebten und gewonnenen, Sicherheit versprechenden Positionen;

Verödung durch den Verlust der vom Vielen verdrängten Fülle;

Säkularisierung – erst wo das Bewußtsein für die ursprüngliche Ganzheit des LEBENS schwindet, entsteht der Gegensatz von Sakral und Profan.

Es gibt keine Rückkehr in die ursprüngliche Ganzheit. Es gibt aber ein Wiederfinden in einer höheren Bewußtseinsstufe als Frucht innerer Reifung. Sie hat die Erfahrung der Trennung zur Voraussetzung und hebt sie auf, überwindet sie, bewahrt sie aber als Hintergrund einer Schau, die einen dritten, höheren Bewußtseinsstand bekundet.

Meditieren als initiatische Übung muß erst alle Gegensätze in ihrer ganzen Schärfe bewußt werden lassen. Das voreilige Streben nach Harmonie vereitelt das Gelingen aller initiatischen Bemühung. Erst auf dem Hintergrund leidvoll erlebter und klar erkannter Gegensätze bedeutet das neue Bewußtwerden der Ganzheit ein fruchtbares Ereignis. So erst wird es legitim, im Einswerden mit dem Wesen die Gegensätze im Innewerden der überweltlichen Ganzheit aufzuheben. Diese Auffassung widerspricht freilich dem herkömmlichen Streben, ohne Sorge um einen von seinen Gegensätzen bereinigten Grund stracks aufsteigen zu wollen zum göttlichen Licht. Das Wahrnehmen, Ernstnehmen, Unterscheiden und Integrieren der Gegensätze ist Voraussetzung für haltbare Entwicklung.

Der Weg zur Ganzheit führt über ihre Zerstörung

Fünftes Kapitel

Die Problematik des Schattens

1. Der Schatten

Die Antriebswurzel zum Meditieren wächst aus dem Leiden an der Verfehlung menschlicher Ganzheit. In unserer Zivilisation wird die Ganzheit vor allem verfehlt durch die Verdrängung natürlicher Wünsche und Triebe, die Vernachlässigung des Weiblichen zugunsten des Männlichen in der Frau wie im Mann, das unbereinigte Verhältnis zum anderen Geschlecht, die Unterdrückung der schöpferischen Individualität durch eine Organisation des Lebens in einer Gesellschaft, die den Einzelnen zum Funktionär unpersönlicher Gesetze, Ordnungen und Betriebe macht. Die entscheidende Verfehlung der Ganzheit aber ist die Unterdrückung des übernatürlichen Wesens. Ihrer wird sich der Mensch unserer Tage erstmalig voll bewußt.

Diese Verhinderungen ganzheitlicher Selbstverwirklichung des Menschen sind die Ursache dafür, daß heute Millionen von Menschen hinter einer der Welt zugewandten mehr oder weniger heiter glänzenden Fassade krank sind. Sie leiden das Leiden des Menschen, der verhindert ist, er selbst zu werden, denn wesentliche Seiten seiner Ganzheit dürfen nicht in Erscheinung treten. So werden sie zu dem die lichte Fassade Lügen strafenden Schatten. Initiatisches Suchen, das glaubt, am Schatten vorbei unmittelbar zum Wesen vorstoßen zu können, scheitert auf halbem Wege.

Kein gültiges Werden ohne Wahrnehmung des Schattens

2. Die verdrängte Natur

Der Schatten ist das Licht in der Gestalt dessen, der es verstellt. Er ist das Dunkle als die Kraft, die die lichte Fassade bedroht. Er bedroht sie als das Insgesamt dessen, was zum Ganzsein eines Menschen gehört hätte, aber nicht zur Entfaltung kam. Er bedroht sie als das Insgesamt natürlicher Impulse und Triebe, die verdrängt wurden und nun ihr Unwesen im Unbewußten treiben. Als Kernschatten ist er das Wesen in der Gestalt dessen, was das Strahlen seines Lichtes verstellt.

Das Leben in der Welt ist voller Kränkungen, aber wir geben sie uns nicht zu, versagen uns die natürliche Reaktion – aus Schwäche, Feigheit oder moralischen Gründen. Wir bilden uns ein, nicht gekränkt zu sein, aber etwas bleibt in uns haften. Der Schlag, den wir dem anderen zurückgeben sollten, bleibt ungeschlagen und frißt in uns weiter. Die nicht eingestandene Kränkung verwandelt sich in eine verdrängte Aggression.

Nicht nur die Kränkungen, die uns im Leben widerfahren, sondern alles, was ursprüngliches Vertrauen vernichtet; alles, was unseren Widerstand verlangt hätte, der nicht geleistet wurde; alles, was unseren natürlichen Ansprüchen Grenzen setzt, verwandelt sich in eine Schattenkraft, die als verdrängte Aggressivität im Unbewußten ihr Unwesen treibt. Mehr, als es der Mensch ahnt oder wahrhaben will, ist er geladen mit einer ihm unbewußten Animosität, die bis zum verhaltenen Haß gesteigert sein kann. Für den Osten ist dieser Haß neben der Lebensgier und der Ignoranz (die nichts vom Wesen weiß) eines der drei Grundlaster des in seinem Ich gefangenen Menschen.

Nicht nur die verdrängte Antwort auf Kränkungen, Angriffe, Enttäuschungen und Widerstände der Welt erzeugt Schattenkräfte, sondern auch die nicht angenommenen Einladungen zu etwas Schönem, das uns Freude gemacht hätte. Wo wir es nicht wagten – aus Schwäche, Feigheit oder moralischen Gründen –, auf sie einzugehen, bleibt ein bitterer Rest unerfüllten Lebens zurück.

Was immer im Unbewußten als verdrängtes Leben schwelt, bedeutet verhinderte Bekundung des Wesens. Ohne Beseitigung dieser Blockaden kein wesensgemäßes Werden. Befreiung aber bedeutet nicht Auflösung der von den Schattenkräften verursachten Spannungen, sondern ihre Einlösung durch Integrierung der in ihnen verhaltenen Kräfte.

Achtung: Der Schatten

3. Verdrängte Sexualität und Erotik

Bei der Bewußtwerdung des Schattens spielt die verdrängte Sexualität eine besondere Rolle. Ihre Anerkennung als natürlicherweise zum menschlichen Leben gehörig war und ist bis in unsere Zeit hinein durch eine falsche Moral weithin verhindert gewesen. Die Überbewertung einer erdfernen Geistigkeit gegenüber den natürlichen Trieben, der Vertikalen gegenüber der Horizontalen, ließ die Sexualität als eine geistwidrige Kraft erscheinen, die die

Gefahr einer Verführung zum Untermenschlichen hin in sich birgt. Daß in allem sexuellen, ja, in allem erotischen Erleben auch eine numinose Qualität enthalten sein kann, die den Menschen über den Horizont seines Welt-Ichs hinaushebt in eine kosmische Weite und eine transzendente Dimension, wurde nicht gesehen.

Das erotische Fluidum mit seiner numinosen Qualität geht in seiner Bedeutung weit über die eines Auftaktes zur sexuellen Vereinigung hinaus. Es hat seinen Wert in sich selbst. Es ist jene Kraft, die das Schöpferische erweckt. Es lebt auch in der Bedeutung der „femme inspiratrice", deren Anblick allein die schöpferischen Impulse im männlichen Geist erwecken kann. Die erotische Spannung, die in ihr enthaltene Chance einer Erfahrung des Numinosen verleiht auch der Zärtlichkeit, der Carezza, im Raum des erotischen Spieles, eine über die nackte Sinnlichkeit hinausgehende Bedeutung. Die durch die landläufige Moral genährte Berührungsscheu hat bis in unsere Zeit hinein Quellen der Fülle menschlichen Beieinanderseins zum Versiegen gebracht. Es tut not, zu wissen, daß ihre Neuerschließung nicht nur im Raum des natürlichen Zusammenlebens der Menschen, sondern darüberhinaus für die Entdeckung der Transzendenz als einer auch innermenschlichen Realität von Bedeutung ist. Darum auch öffnet die initiatische Einstellung, wo sie, wie alle Felder des Lebens, auch den Raum der Erotik in neuer Weise erschließt, den in ihm liegenden besonderen Zugang zum überweltlichen Leben.

Aus dem Geist des Initiatischen öffnet sich der Zugang zu der in allem erotischen Erleben verborgenen transzendenten Qualität. In jedem Geschlechtsakt wird ein das Bewußtsein auslöschender Faktor erfahren, eine besondere Erfahrung des „Stirb und Werde". In ihm geht die gewöhnliche Bewußtheit des Menschen, wenn auch nur für Sekunden, unter in einem kosmischen Überschwang. Es hängt aber von der Grundeinstellung des Erlebenden ab, in welcher Tiefe dieses erlebt und erfahren wird, ja, mehr noch, in welchem Maße die numinose Qualität, die den Menschen mit dem Göttlichen verbindet, zur eigentlichen Legitimation des sexuellen Lebens wird, das über seinen biologischen Sinn, wie auch über die grobe Sinnlichkeit des Primitiven hinausreicht.

Der personale Sinn der Sexualität und der Erotik ist weder der biologische, der sich im Erzeugen eines Kindes erfüllt, noch die ungezügelte Lust. Er ist vielmehr die Erfahrung einer kosmischen Fülle und mehr noch die Erfahrung des göttlichen Einen im personalen Einswerden mit einem Du. So nur werden auch Sexualität und Erotik zu einem Tor in die andere Dimension und erfüllen einen initiatischen Sinn. Nicht nur im Fernen Osten, z. B. im Tantrismus, wurde die Vereinigung der Geschlechter als Einswerden im Göttlichen gelehrt und geübt, sondern in allen Religionen wußte man insgeheim um ihren sakralen Sinn und die Möglichkeit, ihn bewußt zu erfüllen[5].

Das Ja zur Sexualität bedeutet nicht eine Zustimmung zum Ausleben des Triebes, es meint vielmehr, daß die Sexualität zur Ganzheit des Menschen und also zum Heilsein des Menschseins gehört.

Initiatisches Leben fordert nicht den Verzicht auf Erotik und Sexualität, sondern ihre Einheiligung in das überweltliche Ganze, das in ihnen anklingt.

Blüte der Erotik – überweltliche Natur

4. Unterdrückung des Weiblichen

Die westliche Kultur ist eine Kultur des männlichen Geistes. Die einseitige Entwicklung und Bezeugung männlicher Gaben bedeutet zugleich die Vernachlässigung, wenn nicht Unterdrückung der weiblichen Potentiale. Wo die Sicht der Wirklichkeit, in der wir leben, vorwiegend von rational Fixierbarem und technischer Meisterschaft Zugänglichem bestimmt ist, kommt die Seele notwendig zu kurz. Wo der Mensch mehr oder weniger nur um seiner Leistung willen gewürdigt wird, die objektiv feststellbare und meßbare Resultate zeitigt, wird die Welt des Gemütes, der inneren Gestimmtheit, der Gefühle, verdrängt. Die Emanzipation des Weiblichen ist bisher mehr eine Emanzipation des Männlichen in der Frau, denn noch stehen wir im Zeichen der autoritären, auf Leistung, Werk und gesetzestreues Verhalten bezogenen Vaterwelt. Die Gleichberechtigung der Frau bezieht sich auf ihre Rechte innerhalb der Leistungswelt. Das Weibliche ist oft auch in der Frau, nicht nur im Mann, zu einem Schattendasein verurteilt. Dann aber hat es als verdrängtes Potential wesentlich teil an den Schattenkräften des Menschen unserer Zeit, die auch den Weg zum Wesen versperren. So ist zu erwarten, daß das Erwachen zum initiatischen Leben dazu helfen wird, dem Weiblichen im Ganzen des Lebens seinen Platz zurückzugeben. Voraussetzung der Freiheit zum Initiatischen ist der gesicherte Zugang zur erlösenden Kraft des Weiblichen.

Bei Entfaltung des initiatischen Geistes öffnen sich für Mann und Frau gemeinsame Räume, aber auch verschiedene Felder der Erfahrung. Kein Zweifel, daß die Welt des Rationalen, die hohe Wissenschaft, die Geheimnisse der sich in Naturwissenschaft und Technik offenbarenden

Mikro- und Makrowelten vorwiegend den männlichen Geist anziehen und ihm eigene Zugänge zur Transzendenz als Erlebnis eröffnen. Auch darüber kann kein Zweifel sein, daß die Ratio als solche nicht nur jenseits von Gut und Böse, sondern in sich selbst eine gleichsam überweltliche Kraft ist, Zeuge des großen Geheimnisses. Erst der pragmatische Gebrauch, den der Mensch von ihr macht, nimmt ihr ihren ursprünglichen Glanz. Sie öffnet aber für den Menschen, der sich ihrer in der rechten Weise zu bedienen weiß, besondere Möglichkeiten transzendenten Erlebens. So sind auch am Anfang und am Ende rationaler Forschung im Forscher selbst metaphysische Impulse und Aussichten am Werk. Der große Forscher, auch im Bereich der Naturwissenschaften, ist kein Rationalist, sondern meist ein im initiatischen Sinn religiöser Mensch. Es geht ihm im Grunde um das große Geheimnis des Lebens, dem er in seiner Weise auf der Spur ist.

Es ist zu hoffen, daß die Entdeckung des Initiatischen als Verheißung und Auftrag schon in der Schule dem Eindringen in die Naturwissenschaften neue Impulse zuführen wird. Es wird von der Einstellung des Lehrers abhängen, wie weit er die Naturwissenschaft zu einem Medium werden läßt, in dem der Schüler sowohl vom „Geheimnis" der Natur als durch dieses hindurch vom Geheimnis seiner eigenen Transzendenz berührt werden wird. Jedes Schulfach kann, wo initiatischer Geist herrscht, aus der Trockenheit eines bloßen Faches zur Tiefe des in ihm verborgenen Lebens erschlossen werden.

Trotz aller Öffnung männlicher Leistungsbezirke bleiben jedoch der Frau Räume mit transzendenter Erlebnismöglichkeit vorbehalten, die der Mann nicht kennt. Das weibliche Gemüt hat Antennen zur Wahrnehmung des ganz Anderen von besonderer Art. Allein Mutter zu werden und zu sein, ist voll eigener Geheimnisse und hat besondere Zugänge zum überweltlichen Sein. Auf der anderen Seite erweckt heute das Leiden des Mannes unter dem Übergewicht mann-männlicher Forderungen mehr und mehr die Sehnsucht nach einer Vertiefung seiner weiblichen Erlebnismöglichkeiten. So auch ist das Wiederentdecken des Bildhaften im Rahmen rational bestimmter Wissenschaften wie der Psychologie Ausdruck einer sich vollziehenden Wendung zur Anerkennung des Weiblichen im Menschen. Im Lebensraum des Religiösen kann in vielerlei Erneuerungsbewegungen des religiösen Lebens eine Wiedergeburt der Seele im Bewußtsein des Menschen gesehen werden. Im Rahmen religiöser Erziehung vollzieht sich in der Abwendung von einer allzu rational gefaßten Theologie und der Hinwendung zu mystischen Erfahrungen eine Wiederbelebung der weiblichen Kräfte des Geistes.

Eine für die Entwicklung des Menschen zentrale Frage ist immer die Entwicklung seines Verhältnisses zum anderen Geschlecht. Wo das andere Geschlecht, sei es aufgrund persönlicher Erfahrung, insbesondere in der Kindheit, sei es aufgrund mittelalterlicher Vorstellungen in der Erziehung, nur als Gefahr gegenwärtig ist, ist der Weg zur Ganzheit des Menschen verstellt. Die Aufhebung dieser Blockade und die Herstellung eines natürlichen Verhältnisses gehören zu den Grundforderungen auf dem Weg der Verwandlung.

Das Wesen des Menschen ist übergeschlechtlicher Natur. So öffnet die initiatische Sicht, in der das Wesen zur Erscheinung kommt, der Begegnung der Geschlechter neue Horizonte.

Wiederentdeckung des Weiblichen

5. Unterdrückung der schöpferischen Individualität

Die Entwicklung der modernen Gesellschaft und die Organisation all ihrer Lebensbezirke führt mehr und mehr dazu, daß die schöpferische Individualität zugunsten unpersönlicher Leistungskollektive zurücktritt. Der Betrieb, das Team, der Staat, das Funktionärstum verhindern die freie Entfaltung des schöpferischen Menschen. Weit über die immer notwendige Unterordnung individueller Ansprüche im Rahmen jeglicher Gemeinschaft macht die Unterdrückung der individuellen Lebens- und Schaffensmöglichkeiten durch eine allseitige Rationalisierung immer weitere Fortschritte. Das Unbehagen in der modernen Zivilisation, insbesondere in totalitären Staaten, ist nicht zuletzt auf diese Verhinderung des individuellen Faktors menschlicher Ganzheit zurückzuführen. Aus der Individualität wächst das schöpferische Potential. In dem Maße, als dem Menschen die Möglichkeit zu schöpferischem Handeln und Schaffen entzogen wird, erlischt der Glanz, den es dem menschlichen Leben verleiht.

Das Große Leben, zu dem hin sich zu öffnen der Sinn initiatischen Meditierens ist, bekundet sich in Formen und Gestalten von einmaliger Individualität. So ist es natürlich, daß der Fortschritt auf dem inneren Wege eine Auszeugung der einmaligen Individualität mit sich bringt. Nicht erst der Meister erscheint auf dem Weg als Original und als solches sowohl anregend als auch anstößig, Heiterkeit erzeugend und auch Zorn, schöpferisch wirkend, aber auch Unruhe stiftend. Auch als Schüler ist der initiatische Mensch für den anderen schon unbequem. Weil er niemals stehenbleibt, stört er die etablierte Ordung der Gemeinschaft, in der er lebt. So ist die immer wieder erfolgende Unterdrückung der Individualität durch die organisierte Gesellschaft verständlich. Notwendig aber ist das Erkennen des Schattens, den ihre Verdrängung erzeugt[6]. Die verdrängte Individualität gehört zum Kernschatten des Menschen, ihre Befreiung zur Voraussetzung schöpferischen Menschseins.

Meditieren und meditative Übung, die den Übenden aus all seinen Verwobenheiten mit den Ordnungen seiner Welt herauslöst und zu seiner eigenen Mitte hin öffnet, bedeuten auch die große Chance der Wiederentdeckung und Befreiung der eigenen Individualität und ihrer schöpferischen Potentiale. Die Freiheit der Individualität ist die Voraussetzung des Schöpferischen. Sie ist es, weil an ihrer Einmaligkeit das jeweils Bestehende zunichte wird und so der Raum frei für Neues. Alle Schöpfung steigt aus dem Nichts. Erfindung setzt viel Gewußtes und Gekonntes voraus, der schöpferische Akt dagegen die Freiheit von allem Gewußten, die Leere! Der initiatische Weg führt durch die Nacht, in der die Lichter des Tages erlöscht sind und die Sterne heraufziehen. Erst wo die Bilder verschwinden und die Leere sich einstellt, beginnt das Weiselose zu sprechen. Initiatisches Leben führt auf dem Weg zum großen Stern durch die Nacht, durch die Leere, nicht um in ihr zu verbleiben, sondern um im Bildlosen zu erwecken, was jenseits aller Bilder ist: das Nichts, das echte Schöpfung ermöglicht.

Der Sinn des initiatischen Weges erfüllt sich im Einswerden mit dem all-einen Sein. Dies scheint zunächst im Gegensatz zu stehen zu der Forderung nach Auszeugung der Individualität. In Wahrheit kann jeder Mensch jedoch nur in der Sprache seiner Individualität dem All-Einen begegnen. In dem Maße also, als er seiner Teilhabe am all-einen Sein innewird, wächst er in seiner Individualität und umgekehrt. Nur in der Weise seiner eigenen Individualität kann der Mensch sich dem All-Einen erschließen, und nur in dem Maße, als er dem All-Einen geöffnet ist, kann er sich der eigenen Individualität bewußt werden. Was, ontologisch gesehen, größte Gegensätze sind: das all-eine Sein und die einzigartige Individualität, fällt in persönlicher Erfahrung in eines zusammen. Nur in dem Maß, als der Mensch sich in seiner Individualität erfährt, kann er auch das sich in seiner Individualität manifestierende All-Eine erleben.

Das Einmalige ersteht aus dem Nichts

6. *Unterdrückung des Wesens*

Der Kernschatten des Menschen ist sein nicht zur Manifestation zugelassenes Wesen.

Das Wesen ist der eigentliche Kern des Menschen, darin er unaufhebbar teilhat an der überweltlichen Wirklichkeit des universalen göttlichen Geistes.

Das Wesen ist die Weise, in der dieser in ihm anwesend ist und auf individuelle Weise als eigenschöpferische Kraft in ihm und durch ihn Gestalt gewinnen möchte in der Welt.

Das Wesen ist das Unbedingte im Menschen und Quelle seiner personalen Freiheit inmitten aller Bedingtheit in Raum und Zeit.

Das Wesen ist die allem personalen Leben zugrundeliegende dynamische Kraft, in dauernder Verwandlung hindrängend zu einem ihm entsprechenden Bewußtsein und zu der in ihm angelegten personalen Daseinsform.

Das Nichtzugelassensein des Wesens im Bewußtsein des Menschen bildet seinen tiefsten Schatten. Dieser

Schatten jedoch ist das verdrängte Ur-Licht. Erst wo dieses Licht aufgehen kann, wird die dem Menschen zugedachte Lebenslandschaft voll sichtbar.

Die Wurzeln der Schattenkräfte reichen immer bis in die frühe Kindheit hinein. Die dort durch Entmutigung, Verständnislosigkeit und Liebesmangel erfolgenden Verdrängungen der Lebensimpulse des Kindes beeinträchtigen das Insgesamt seiner natürlichen Ausdrucks- und Entfaltungsbewegungen. Sie verstellen damit auch das Bewußtwerden und die Entfaltung seines überweltlichen Wesens. Beide Verdrängungen hängen aufs engste miteinander zusammen. Und doch zeigt es sich, daß die Befreiung der in der Vergangenheit verdrängten natürlichen Triebimpulse des Menschen nicht notwendig auch die Freilegung der transzendenten Tiefe in sich schließt. Die Not, die aus der Verstellung des Wesens fließt, muß als solche bewußt und auf besonderen Wegen behoben werden.

Es ist die Regel, daß erste Erlebnisse des Wesens, beglückende Seinsfühlungen wie auch erschütternde Seinserfahrungen, zunächst nicht als solche erkannt werden. Ist aber einmal der innere Sinn zur Wahrnehmung des Wesens geweckt, gewinnt das Leben insgesamt einen neuen Sinn. Jeder Augenblick erhält dann die Chance einer ins Überweltliche reichenden Vertiefung und Weitung des Erlebnishorizontes, darin er, sich ins Unendliche weitend, in allem Endlichen eine ungeahnte Tiefe spüren läßt. Das Leben als Ganzes gewinnt ein neues Gewicht und steht jetzt erst wirklich im Zeichen der der menschlichen Existenz innewohnenden Verheißung.

Die Verdrängung des Wesens stellt von allen Verdrängungen die Ganzwerdung des Menschen am meisten in Frage. In dieser Verdrängung besteht sein eigentliches Unheilsein. Nichts bedrängt eine scheinbar gesicherte Position in der Welt, die beruhigte Fassade eines „guten" Welt-Gewissens so sehr wie das verdrängte Wesen. Sein Anspruch auf Offenbarwerden in der Transparenz der Person wird in einer vorwiegend an Welt-Leistung und Werk orientierten Menschheit nicht bewußt und nicht erkannt. Nicht zugelassen ist er die Quelle unbegriffener Verstimmung, Sehnsucht und Not, Ursache auch seelischer Krankheit und psychologisch unverständlicher Ausbrüche.

Wo die Unterdrückung des Wesens in einem Ausmaß erfolgt, daß sein Drang zur Bekundung die nur weltbezogene Persönlichkeit zu sprengen droht, wird die Umkehr zur unabdingbaren Notwendigkeit. Wo sie nicht zugelassen wird, wird der zu ihr berufene Mensch „verrückt" und von einer Medizin, die von einer Wesenswirklichkeit nichts weiß, als Geisteskranker registriert oder von einem nichtsahnenden Priester als vom Teufel besessen erklärt. Die den Horizont des natürlichen Daseins sprengenden Bilder und Kräfte, mit denen der vom Wesen Ergriffene sich identifiziert, lassen sich nicht in das Gefüge eines landläufigen psychologischen Erkenntnissystems einordnen, denn hier kommen metapsychologische, archetypische Mächte ins Spiel. Die mit dem Auftauchen des Wesens freiwerdenden Kräfte sprengen den Horizont des vorinitiatischen Menschen. Sie bemächtigen sich seiner auch in der Form archetypischer Gestalten wie der des Heiligen, des Weisen, des Sämanns, des Helfers, des Hirten, des Erlösers, des Kriegers, mit denen der zu seinem Wesensauftrag Erwachte sich identifiziert. Meist tauchen dann Gegenkräfte in Gestalt „dunkler" Archetypen auf. So der Archetyp der fressenden oder wegsaugenden „Großen Mutter", des Verführers, eines Dämons, der Hexe, des „Teufels" u. a. Der Mensch wird von ihnen um so eher besetzt, als sein Unbewußtes noch nicht von biographisch bedingten Schattenkräften bereinigt ist. Das Unterscheiden und Integrieren der großen Schattenpotentiale ist ein langer Weg. Nur langsam führt die Befreiung und Integration von Natur und Übernatur zur Verwirklichung des wahren Selbstes. Nur der Mensch, dem die Not seines Wesens bewußt wird, sucht die Notwende um jeden Preis und ist so auch zu dem bereit und gerufen, was echtes Meditieren als harte Verwandlungsübung meint und verspricht.

Wo das Wesen des Menschen nicht zugelassen ist, ihm die verantwortliche Wachheit versagt wird, liegt er als Person noch im Schlaf. Erst in der lebendigen Erfahrung des Wesens, im Innewerden des inneren Christus schlägt das wahre LEBEN die Augen auf. Die Befreiung des Menschen in seinem Wesen ist die Erfahrung des immanenten Christus. Urbild und Vorbild dieses Ereignisses ist die Christus-Erfahrung des Paulus: „Nicht ich lebe, sondern Christus in mir". Der Ausdruck „Christus in mir" ist auch die Weise, in der sich für die in der christlichen Tradition lebende Menschheit die die Neue Zeit bewegende Wende zur Entdeckung der immanenten Transzendenz formuliert. Die Entdeckung des Einsseins mit dem göttlichen Sein verlangt nach interpretierenden Bildern. Wie die hier sich vollziehende Einswerdung erfahren werden kann, sagt uns das Christus-Wort: „Ich bin der Weinstock, ihr seid die Reben." Das Erlebnis der Einswerdung meint das Innewerden der Teilhabe an einem allumfassenden, sich in all seinen Teilen erlösend und schöpferisch bezeugenden Ganzen.

Ein anderes Bild für das Gleiche ist das kleine Blatt am großen Baum. Als überwältigend groß und von ihm getrennt mag dem kleinen Blatt der Baum, von dem es ein

Blatt ist, erscheinen, solange es ihn nur außen sieht. Dann mag der Tag kommen, wo es mit einem Mal erkennt, daß es ein Blatt des Baumes ist, daß es teilhat am Geheimnis des vieltausendblättrigen Baumes, mehr noch, daß der Baum als die Quelle seiner Kraft, der Ursprung seiner Form und die Wurzel seines Seins, in ihm ist. Ja, noch mehr, daß es selbst der Baum ist in der Sprache des Blattes. Es ist nicht der Baum. Der Baum ist das unendlich Große, das ihn fern dünkt, wenn es von außen blickt. Aber es ist doch das unendlich Große, das es selbst ist in der Sprache des kleinsten Teiles. Es kann zum Baum sprechen als wenn er außen wäre, aber wirklich sprechen mit der Sicherheit, verstanden zu werden, kann es doch nur, wenn er zugleich innen ist, wenn der Baum in ihm und es im Baum ist.

Dieses ist ein Bild für die Weise, in der der Mensch, der zur Transzendenz innen erwacht ist, auch das Geheimnis, das wir Gott nennen, der in ihm wie in allen Dingen ist, erfahren mag.

Wenn das Wesen im Menschen erwacht, dann hebt sich der Schleier, den das unsere Zeit beherrschende Bewußtsein über das ursprüngliche Bewußtsein gelegt hat. Es ist das Bewußtsein, in dem sich der Mensch in festen logischen, ästhetischen, ethischen und theologischen Ordnungen ver-hält. Aber erst wo nun wirklich ein neues Leben beginnt, kann sich die Wahrheit jener Sternstunden bewähren, in denen der Mensch sich zum ersten Mal in seiner eigenen Wesenstiefe erlebte und die Verheißung und den Auftrag erfuhr, über den gnadenvollen Augenblick hinaus planmäßig an seinem Neuwerden zu arbeiten. Die Antwort auf diesen Ruf ist der Eintritt in ein initiatisches Leben.

Erst wer zu seinem Wesen erwacht, kann sagen „Ich bin"

Sechstes Kapitel

Das Leiden

1. Das vorinitiatische Verhältnis zum Leiden

Das fruchtbarste Feld der Übung ist für den initiatischen Menschen das Leiden. Im Verhältnis zum Leiden unterscheidet sich grundsätzlich die Haltung des initiatischen von der des vorinitiatischen Menschen. Für diesen sind Ablehnung und Widerstand gegen jedes Leid natürlich und die Suche nach einem leidfreien Leben, seiner Wiederherstellung und Sicherung selbstverständliches Ziel. Der initiatische Mensch sieht im Leiden ein Medium zur Erfüllung seines Anliegens, der Einswerdung mit dem Wesen.

Der mit seinem Welt-Ich identifizierte, noch nicht existentiell erwachte Mensch erfährt jegliches Leiden ganz selbstverständlich als ein zu beseitigendes Übel. So tut er alles, um es zu vermeiden und, wenn es da ist, es zu beseitigen. Dies gilt sowohl für seelische wie für körperliche Leiden. Er sucht dann den auf, der ihn von beiden befreit, den Arzt, den Therapeuten, den Heiler.

Gewiß gibt es im Raum des Vorinitiatischen auch den Menschen, der nicht nur das leidfreie Leben sucht und mehr oder weniger wehleidig nur auf schnellste Beseitigung des Leidens sinnt. Es gibt auch den, der im Schmerz und im Leiden die Möglichkeit einer charakterlichen Bewährungsprobe sieht. So gibt es den jungen Menschen, der bewußt nicht nur seine Kräfte bis an die Grenzen der Möglichkeit erprobt, sondern auch sich selbst im Aushalten von Schmerzen auf die Probe stellt. Und es gibt eine Ethik des Leidens, die immer wieder bewunderungswürdige Beispiele von Menschen zeitigt, die Leiden stumm ertragen. So sind Heroismus und auch Resignation zwei Formen, in denen der mit seinem Welt-Ich identifizierte Mensch im Leiden Charakterstärke beweist.

Es gibt auch das demütige Ertragen des Leidens des religiösen Menschen, das doch noch zur vorinitiatischen Form personalen Lebens gehört. Es gibt aber ebenso die falsche Demut, die sich fast gierig dem Leiden unterwirft. Es gibt den Masochisten und „Leidsäufer" und den, der glaubt, in der widerstandslosen Unterwerfung unter das Leiden gottgefällige Verdienste einzusammeln.

Es gibt aber auch im vorinitiatischen Raum ein richtiges, das heißt fruchtbares Erleiden des Leidens dort, wo es einerseits zur Probe einer Standfestigkeit wird, zum anderen vor allem dort, wo es, wenn es die Leistungsfähigkeit außer Kraft setzt, zu einer Besinnung nach innen führt. Hier wird Krankheit nicht nur als ein Übel, sondern als Gelegenheit zu innerem Reifen wahrgenommen. Das sind Zeiten, die auch initiatisch fruchtbar werden können. Der in einer Krankheit zur Stille „verurteilte", im Leiden auf sich selbst zurückgeworfene Mensch kann unerwartet mit der Wurzel seiner Existenz und dem eigentlichen Quell eines zu seiner Fülle wachsenden menschlichen Lebens in Berührung kommen.

Ein besonderes Verhältnis zum Leiden kann der vorrationale Mensch haben, und zwar dann, wenn der Verstand noch nicht die Frage nach dem Sinn stellt und der Mensch daher auch noch keinen Anstoß am Leiden nimmt. Es gibt den noch nicht zur rationalen Bewertung des Lebens erwachten Menschen, der das Leiden und auch den Tod als einfach zum Leben gehörig hinnimmt. Er hat noch eine Verbindung mit der Natur, dem Mitmenschen und auch mit der überweltlichen Wirklichkeit, in der das heile und heilende Ganze als geheimnisvolles Innen auch noch im Außen des raumzeitlichen Lebens erfahren wird und auch noch im Innesein des Leidenden anwesend ist.

Für den noch im ursprünglichen, Tod und Leben in sich schließenden Ganzen lebenden Menschen gibt es ein widerspruchsloses Annehmen des Leidens, das er als Schicksal oder von Gott gegeben hinnimmt. Für den aus der Urganzheit Herausgefallenen gibt es nur den Aufstand gegen das Leiden. Erst aber von dieser Stufe aus kann sich die existentielle Not unter der Getrenntheit vom Wesen einstellen. So kann auch hier erst das initiatische Metanoeite vernommen werden. Dies schließt die Aufforderung zu einem neuen Verhältnis zum Leiden ein: es zu durchleiden und hinzunehmen wie einen Prüfstein für die Präsenz aus dem Wesen, das jenseits ist von Leiden oder Nichtleiden.

Ein japanischer Meister, danach gefragt, wie er auf die Nachricht vom Tode seines Sohnes reagiert habe, antwortet: „Eine Woche nicht gegessen und geschlafen vor Schmerz." Er sieht das erstaunte Gesicht des Fragenden und fügt hinzu: „Zeichen der Stufe ist nicht, nicht mehr zu leiden, sondern das uns auferlegte Leiden als Leiden durchleiden zu können."

Leiden: Brücke zum Wesen

2. Das initiatische Verhältnis zum Leiden

Die Besonderheit des initiatischen Verhältnisses zum Leiden wird deutlich am Verhalten des Menschen zu den drei Grundnöten seines Lebens: der Angst vor der Vernichtung, der Verzweiflung am Absurden und der Trostlosigkeit des Einsamen.

Ganz selbstverständlich sucht der vorinitiatische Mensch die Voraussetzungen für ein gesichertes, sinnvolles und in der Geborgenheit stehendes Leben zu schaffen. Die Möglichkeit zur Wendung zum Initiatischen ergibt sich genau dort, wo der natürliche Mensch mit seinem Uranliegen nach Sicherheit scheitert, wo er also ausweglos seiner Vernichtung, dem Absurden und der Einsamkeit preisgegeben ist. Ein sinnvolles und fruchtbares Leben wird aber erst wieder möglich, wo die Grenzen eines Lebens, das auf Sicherung, durchschaubaren Sinn und Geborgenheit gestellt ist, überschritten werden. Das geschieht dort, wo anstelle der natürlichen Abwehr jeglichen Leidens das Annehmen des Leidens tritt und der Mensch erfährt, daß in diesem, dem natürlichen Menschen paradox erscheinenden Verhalten, die Chance besteht, etwas zu gewinnen, das nur in der Überwindung des natürlichen Ichs zu finden ist. Das ist ein Schritt in eine größere Tiefe, vielleicht sogar ein Sprung auf dem Wege zur Einswerdung mit sich selbst, die Möglichkeit eines Neuwerdens, das ein Entwerden zur Voraussetzung hat. Die Grundformel aller Verwandlung wird sichtbar: das große „Stirb und Werde".

Erst im Überschreiten der Grenzen unseres natürlichen Erlebens und Erleidenkönnens kann ein Überweltliches in Erscheinung treten, im Durchstehen einer Dunkelheit das Aufgehen eines bislang unbekannten Lichtes, im leidvollen Eingehenlassen des alten, schmerzscheuen Menschen das Aufgehen der dem Leiden nicht mehr ausweichenden Person, in der sich durch ihr leidendes Ich hindurch das allem Leiden überlegene Wesen bekunden kann.

Auf dem initiatischen Weg kann das Leiden um so fruchtbarer sein, je größer es ist, ja, um so mehr, als es – solange es das Bewußtsein nicht auslöscht oder verzerrt – Vernichtung, Sterben und Tod in sich trägt. Je unannehmbarer eine Situation oder ein Leiden für den natürlichen Menschen erscheint, um so näher ist die Möglichkeit einer initiatischen Erfahrung, vorausgesetzt, daß er die Grundregel des hier Geforderten akzeptiert: das Unannehmbare annehmen. Dann ist eine Chance gegeben, einen Schritt voran, eine Stufe höher zu kommen oder gar durch eine Wand durchzubrechen. Je enger und auswegloser die Sackgasse, um so notwendiger wird der Sprung. Das ist auch die Weisheit des Zen. Es geht um das Ausweglose. Das Ausweglose annehmen? Nein, mehr noch, sagt der Zenmeister, nicht nur annehmen, sondern in die Ausweglosigkeit *eintreten!* Paradoxe Forderung! Aber in ihr ist transzendentale Wahrheit.

DAS UNANNEHMBARE ANNEHMEN!

3. Das Leiden unter der Getrenntheit vom Wesen

Das tiefste Leiden des Menschen ist das Leiden unter dem Verlust seiner ursprünglichen Heimat, dem überweltlichen Reich seines Wesens. Es ist die Not des von seiner Ur-Heimat getrennten, also im Exil lebenden Menschen. Aus dieser Not entspringt die Notwendigkeit zum inneren Weg, der „nach vorne" in die Heimat zurückführt. Die meisten Menschen werden sich dieser Not, Notwendigkeit und Chance gar nicht bewußt, insbesondere dort, wo es ihnen in der Welt gut geht, sie gesund sind, in sinnvoller Arbeit, wohlgeborgen in natürlicher Gemeinschaft und als rechte Menschen in der Welt stehen. Aber in der Tiefe sind sie doch nicht glücklich. Sie haben Angst inmitten aller äußeren Sicherheit, sie empfinden Schuld, ohne sich etwas vorwerfen zu können, sie zweifeln am Sinn ihrer Existenz mitten in einem scheinbar sinnvollen Leben, und sie fühlen sich einsam, obwohl sie, von der Welt her gesehen, in der Gemeinschaft geborgen sind. Was fehlt ihnen? Sie erkennen nicht, daß die Ursache ihres Leidens die Getrenntheit vom Wesen ist und in ihrem Leiden das Wesen aufbegehrt. Allein die Verwurzelung in ihm nimmt die existentielle Angst, erschließt den eigentlichen Sinn menschlicher Existenz und gibt Geborgenheit inmitten einer Ungeborgenheit in der Welt.

Es gibt keine Neurose, die nicht verschwände, wenn das Wesen in Freiheit hervortritt. Neurose ist ein Mechanismus, in dem sich das Welt-Ich gegen die Wiederholung einer früher erfahrenen Enttäuschung oder Verletzung absichert. Dieser Schutzpanzer des Ichs blockiert das Hervorkommen des Wesens. Doch wo das Wesen frei wird, bedarf es des schützenden Panzers nicht mehr, denn das Ich hat Schutz und Geborgenheit im unverletzbaren Wesen gefunden.

Für den, der unter der Getrenntheit vom Wesen leidet, lautet die Losung nicht nur: Annehmen des Leidens, sondern: ihm den Boden entziehen, indem man zum wahren Boden des Lebens hinfindet, wo das Leiden dieser Welt keine Wurzeln mehr schlagen kann. Um der Behebung jenes Leidens willen muß weltliches Leiden ausgehalten und durchlitten werden. Das Welt-Ich, dessen Glück von den

Bedingungen der Welt abhängig ist, muß eingehen, damit jenes Selbst aufgehen kann, darin das überweltliche Wesen als das Unbedingte Gestalt gewinnt unter den Bedingungen dieser Welt. An die Stelle des nur von der Welt bedingten Ichs tritt dann das vom Wesen durchleuchtete und seinen Forderungen dienende größere Ich. Dann ist die existentielle Not zum Tor in ein neues Leben geworden.

Voraussetzung dafür, daß das Aushalten eines Leidens fruchtbar für den inneren Weg ist, ist die Unbeirrbarkeit der Grundeinstellung des Leidenden, die das Bemühen um Einswerden mit dem Wesen zu seinem ersten Anliegen macht. Nur die Unbedingtheit dieses Anliegens, seine Vorherrschaft vor allen natürlichen Wünschen, birgt die Chance, daß das Aushalten des Leidens initiatisch fruchtbar wird.

In der Einstellung zum Leiden, in der Bereitschaft, es zu durchleiden um der Befreiung des Wesens willen, wird der Mensch zum Bundesgenossen des göttlichen Seins. Im Grunde ist alles Leiden der Welt Ausdruck dafür, daß göttliches Sein nicht rein und unverstellt offenbar werden kann.

Ohne das Durchleiden der Leiden des natürlichen Menschen gibt es keine Erlösung im Wesen, und wo jegliche Verwurzelung im Wesen fehlt, fehlt auch die Kraft, natürliches Leiden fruchtbar zu durchleiden. Das Leiden, das seine Wurzel in der Getrenntheit vom Wesen hat, ist also im Unterschied zum Leiden des Welt-Ichs nicht einfach auszuhalten, sondern zum Anlaß einer Selbsterkenntnis zu nehmen, die Verwandlung verlangt.

Es gibt aber – und das Leben aller Heiligen ist Zeuge dafür – ein Getrenntsein von Gott, das auszuhalten ist. Gerade dem, dem das Einswerden mit dem göttlichen Wesen schon einmal zuteil wurde, und insbesondere dem, der sich eine Weile lang dieser Einheit erfreuen durfte, wird sie mit Sicherheit eines Tages wieder genommen. Dann fühlt er sich von Gott verlassen, kann nicht mehr beten, und wie vernichtet erfährt er sich wie verstoßen, zurückgeworfen auf sich selbst. Eine Ursache hierfür ist nicht zu sehen. So kann auch nicht an ihrer Behebung gearbeitet werden. Hier gibt es nur das stille Ertragen und die Treue der Sorge dafür, daß wenigstens ein Glimmen des Funkens, der uns die Anwesenheit des Göttlichen anzeigt, erhalten bleibt. Die Treue durchhalten, ohne noch zu wissen, warum . . . Und eines Tages, ohne sichtbaren Anlaß, hebt sich der trennende Schleier, und das Einssein ist wieder da. Hier hat sich initiatische Einstellung dann in der härtesten Probe bewährt.

Vom Exil zurück in die Heimat

Siebtes Kapitel

Inbild und Inweg

Das in unserem Wesen anwesende LEBEN ist in all seinen Geschöpfen immer ein zu einer bestimmten Gestalt *drängendes* Leben. Als solches ist es zweierlei: Inbild und Inweg. Das Inbild ist der Sinn des Weges und der Weg die Lebensform des Bildes.

Das Wesen einer Blume ist die Weise, in der sie angelegt ist zu einer bestimmten Gestalt. Das aber bedeutet zugleich: angelegt zu einem bestimmten Weg des Werdens und des Entwerdens, das vom Samen zur Knospe, über die Blüte zur vollendeten Blume bis hin zur Weise ihres Welkens eine Gestaltformel erfüllt, die als Verwandlungsformel zugleich Bild und Weg ist.

So auch ist der Mensch von seinem Wesen her angelegt zu einem Weg, auf dem sein inneres Bild Gestalt zu gewinnen sucht. Die rechte Gestalt aber ist nie eine end-gültige Form, sondern eine sich in un-endlicher Folge von Formen bewährende Gestalt-Formel. Die dem überweltlichen Leben des Wesens entsprechende Formel der Verwandlung zeitigt im Menschen eine fortschreitende Transparenz, während jedes Stehenbleiben in einer bestimmten Form, auch wo sie einer Stufe des Inbilds im Werden entspricht, das Wesen verfehlt.

Unsere Zeit ist skeptisch geworden gegen Ideale. Jede Ideologie ist eine Gefährdung der inneren Wahrheit. Sie gibt es nur in eins mit dem uns beseelenden LEBEN und dem das Wesen verwirklichenden WEG.

Initiatische Übung und initiatisches Leben zielen nicht auf die endgültige Verwirklichung eines Ideales, sondern auf eine nie endende Bewegung, in der Schritt um Schritt das Wesen offenbar wird. Es gibt kein Ankommen. Was dem Anfänger auf dem Wege gleich einem Ziel vorschwebt, erweist sich fortschreitend als Fata Morgana. Der auf dem Weg Voranschreitende mag sein Fortschreiten daran erkennen, daß das vermeintliche Ziel immer ferner rückt; dann, daß der Gedanke an ein Ziel, an dem man endlich ankommen kann, überhaupt verfehlt ist. So auch widerfährt es dem, der auf seinem Weg Gott sucht wie ein abgegrenztes Wesen: je mehr er sich dem Geheimnis nähert, um so mehr kommt ihm das Bild außer Sicht. Und wo er glaubt, Gott verloren zu haben, ist er ihm, wenn er auf dem Wege bleibt, näher denn je. Das muß so sein, denn im Fortschreiten verschwinden die Bilder, anstelle des Zieles tritt der nie endende Weg. Die geforderte Bewegung ist nicht linear, sondern ein aus einem Zentrum erfolgendes Wachsen nach allen Seiten und zugleich die Erfahrung, daß ein Unendliches von allen Seiten her auf einen zukommt – das befreiende Eingehen in ein Unendliches und das beseligende Aufgehen dieses Unendlichen in einem.

Die aus diesem Wachstum hervorgehende personale Gestalt ist nicht eine sich voll-endende Form, sondern eine Formel des Menschseins, deren Sinn ein nie endendes, aber gesetzliches Über-sich-hinaus ist. Dieses Über-sich-hinaus betrifft alle Grenzen des natürlichen Bewußtseins: den Horizont rationalen Erkennens, die Erfahrungsmöglichkeit der Sinne und die Grenzen des objektiven Geistes in der Dreieinheit seiner Werte des Schönen, Wahren und Guten. In diesem Überschreiten aller Grenzen des natürlichen Bewußtseins öffnet sich die Möglichkeit eines übernatürlichen, transzendentalen Bewußtseins. In seiner Sicht erglüht auch, was innerhalb der Grenzen liegt, im Licht der Transzendenz.

Zu den großen Einsichten auf dem inneren Weg gehört die Entdeckung, daß die Verwandlung, durch die der Mensch sich der Einswerdung mit dem göttlichen Sein nähert, vor allem eine Verwandlung seines Bewußtseins ist. Das gegenständlich fixierende, sich im Begreifen bewährende, in Begriffen ordnende rationale Bewußtsein und alle mit ihm zusammenhängende Statik von Lebensanschauung und Lebensformen bildet den Grundwiderstand gegen die nur in einer lebendigen Dynamik mögliche Einswerdung mit dem Wesen. So öffnet sich das Tor zur Verwandlung nur dadurch, daß ein von keinen festen Formen und Kategorien bedingtes, übergegenständliches und zugleich inständliches Bewußtsein die Führung übernimmt.

Und doch gibt es ein sich im Fortschreiten auf dem Weg vertiefendes und dieses begleitendes Urwissen, das als Wesensgewissen dem Übenden anzeigt, wo er stehen bleibt, auf Abwege gerät und die ihm innerlich vorgezeichnete Folge von Stufen verfehlt. Innerlich vorgezeichnet, das heißt: es gibt eine „Architektur der Seele“, in der ein geheimer Baumeister am Werk ist, der archetypisch den zugleich universell-individuell zu gehenden Stufenweg vorzeichnet (Maria Hippius).

Und es gibt dann ein alle vorgegebenen Begriffe überspringendes Entdecken einer inneren Stufen-Ordnung. Die sich für diese Ordnung einstellende „Sprache“, mag sie begrifflich, bildhaft oder wortlos sein, ist – im intimen Dialog – freilich nur dem verständlich, der „Es“ erfahren hat. Das Inbild setzt eine Aufgabe, die der Inweg erfüllt.

In der Blume geschieht dies von selbst, im Menschen nur als Werk der Übung, darin das Geschenk der Gnade, das eingeborene Wesen, Schritt um Schritt bewußt Gestalt gewinnen muß: Schritt für Schritt leidvoller Unter- und Übergang und beglückendes Wachsen und Neuwerden.

Der das Inbild verwirklichende Inweg kann seinen Sinn nur in jenem inständlichen Bewußtsein erfüllen, darin der Mensch auch im raumzeitlich bedingten Dasein sein Wesen im Innesein bewahrt, ja, mehr noch, in all seinem Erkennen, Gestalten und Lieben in der Welt offenbar werden läßt.

Vom Inbild zum Inweg

Achtes Kapitel

Die Frage nach dem Du

Sprechen wir im Hinblick auf die Große Erfahrung vom Sein, vom überweltlichen Leben, von der Transzendenz, vom Unbedingten, von der anderen Dimension u. a., so sind dies alles Begriffe, die sehr unpersönlich klingen. So sehr sie auf einer bestimmten geistigen, ja, philosophischen Stufe des Erkennens ihren Ort und ihre Berechtigung haben und auch genügen, so sehr bleiben sie für den vorbegrifflichen, rational ungeschulten und auch für den in christlicher Tradition großgewordenen Menschen unbefriedigend.

Aus ihnen spricht, so scheint es, kein Du. So begegnen sie verständlicherweise dem Widerstand des Menschen, der sich im Glauben an Jesus Christus und einen allmächtigen Gott an ein konkret vorgestelltes Du wendet. Wenn aber der Glaube ins Schwanken gerät, wo und weil das Große Geheimnis, das wir Gott nennen, zu einer zwar übermenschlichen, aber doch nach dem Bilde des Menschen geschaffenen Gestalt wurde, deren Handeln ihn enttäuscht, verlangt der Mensch, der doch dem weiselosen Sein verbunden blieb oder neu zu ihm hinfindet, nach Aussagen, die das Geheimnis enthalten, ohne es zu benennen. Es sind Begriffe, die dort, wo anthropomorph klingende Fassungen des göttlichen Seins den Zweifel an der Gültigkeit des sich in ihnen formulierenden Glaubens erwecken, dazu dienen können, unverändert vorhandene religiöse Sehnsucht und Erwartung ins Wort zu nehmen.

Zwei Fragen sind zu unterscheiden: 1. Die Frage, ob in der Seinserfahrung – von hauchzarten Seinsfühlungen bis hin zur erschütternden und alles verwandelnden Seinserfahrung – ein Du erlebt wird, und 2. ob uns in diesem Du Person begegnet.

Die Antwort lautet: Von einem Du kann überhaupt nur im Hinblick auf eine Begegnungswirklichkeit gesprochen werden. Das Du gibt es nur in der Begegnung, so wie es den Ton nur als ein Gehörtes gibt. Ohne Hören kein Ton – außerhalb der Begegnung kein Du. Diesen Charakter eines Du's hat aber nicht nur eine uns begegnende Person, sondern alles, was uns wirklich begegnet.

Nicht aber alles, was uns wirklich begegnet, begegnet uns als Person.

Die Erfahrung des Gegenüber als ein Du ist in der Natur des menschlichen Bewußtseins verankert. Dieses ist, grundsätzlich gesehen, von zweifacher Natur: es ist ein sachbezogenes, objektivierendes, gegenständlich fixierendes Bewußtsein, und es ist zum anderen Selbst- und Weltbewußtsein des das Leben spürenden und fühlenden Subjektes und als solches *Spürbewußtsein*. In diesem Spürbewußtsein fühlt sich der Mensch von allem, was ihm begegnet, „angesprochen" – angegriffen, angezogen, angemutet; in Frage gestellt, bedroht, bestätigt, eingeladen etc., und zwar wirklich von allem, was ihm begegnet, was er auch gefühlsmäßig wahrnimmt und zuläßt: von einer Farbe, von einem Ton, von jedweder Gestalt. Alles hat also, indem es uns anspricht, den Charakter eines Du, wobei die Qualität eines Du all dem zugebilligt wird, was ein „Gesicht" hat, uns in bestimmter Weise anschaut und sich uns gegenüber in bestimmter Weise verhält. Dann meint der Begriff „Du“ etwas, das uns zur Antwort ruft. So ist sogar jeder abstrakte Begriff – wie beispielsweise Gerechtigkeit, Treue, Indiskretion, Unternehmungsgeist, Heiligkeit, Langeweile, Verteufelung – im Erleben des Subjektes von einer bestimmten Stimmung, hat physiognomischen Charakter, ein Kraftfeld, das uns berührt, uns angeht, erregt oder kalt läßt, in jedem Fall anspricht und automatisch eine Reaktion erzeugt.

Im Hinblick auf den physiognomischen Charakter, den alles besitzt, was uns begegnet, stehen wir in dem von uns erlebten Leben einer Welt von Wesenheiten gegenüber, einer Welt von großen und kleinen, merkwürdigen oder wohlbekannnten, unheimlichen oder vertrauten Wesen, so allen Gegenständen in den Räumen, in denen wir leben, wie auch den Räumen selbst. Jeder Raum, in dem wir uns aufhalten, hat den Charakter eines uns mehr oder weniger freundlich aufnehmenden oder aber kalt lassenden Wesens. Jeder Ort, an dem wir einmal weilten, schwingt in dieser Weise in uns nach, lädt uns ein wiederzukommen oder stößt uns ab etc. Der Genius loci, der Geist des Ortes, ist keine theoretische Abstraktion, sondern eine Erlebniswirklichkeit.

Der Charakter jedes Du's ist mitbestimmt vom Ich, dem es begegnet. Daher auch verändert sich das Gesicht der ganzen Welt, in der ein Mensch lebt, wo der Horizont seiner natürlichen Wirklichkeitssicht mit dem Aufgehen der initiatischen Sicht überschritten wird. Die Tragweite dieser Feststellung ist kaum abzusehen. Sie bedeutet nicht mehr und nicht weniger, als daß dort, wo das Wesen ins Innesein tritt und das Einssein mit ihm nunmehr alles „Hören und Sehen“ bestimmt, uns aus allem, was uns begegnet, das verborgene WESEN ansprechen kann. Aus dem Du aller Begegnung spricht – uns in der Tiefe bestätigend, fordernd, beglückend – das Sein. Die Frage nach dem Wozu initiatischen Meditierens und Erlebens findet hier ihre umfassende Antwort.

Das initiatische Bewußtsein bedeutet die Ansprechbarkeit des Menschen in seiner transzendenten Tiefe, deren Aufgeschlossensein umgekehrt das weltlich Daseiende in seiner Tiefe erschließt. Im initiatisch Erwachten spielt das gesamte Erleben, das Hin und Her von Ich und Du in einer Tiefendimension, in der im Klang der Begegnung das göttliche Sein widertönt. So hat das Du, das uns im initiatischen Eindringen, in was es auch sei, begegnet, ein besonders inniges Verhältnis zu uns selbst; denn je tiefer wir in die Wahrheit gelangen, die das initiatische Vordringen uns erschließt, desto mehr begegnen wir schließlich im anderen uns selbst – im WESEN. Das wirkliche Aufgehen des Lebens zum Offenbarwerden des göttlichen Seins ist gleichbedeutend damit, daß der es wahrnehmende Mensch zum Wesen erwacht ist. Wo das Wesensauge aufgeht, wird durch alles Bedingte hindurch das Unbedingte sichtbar. Und in dem Maße und in der Weise, in der sich das göttliche Sein in einem Menschen als ein Erlebtes ereignet, erfüllt sich sowohl der Drang des Seins zu seiner Manifestation im Menschen als auch die Sehnsucht des Menschen zum Einswerden mit dem Sein. Hier erfüllt sich dann ganz der Sinn geistlicher Übung und das große Wozu des Meditierens.

Alles, was dem Menschen wirklich begegnet, was ein Gesicht hat, ihn anmutet und anspricht, hat den Charakter eines Du's. Je tiefer das Du, desto stärker spricht aus ihm das WESEN. Über das Du, das allem, was physiognomischen Charakter hat, eignet, hinaus gibt es ein Du von noch anderer Bedeutung: es ist das Du mit einer Person, das Zwiesprache ermöglicht. Es ist das Du, darin zwei

Menschen sich ihr Zueinandergehören bekennen, das Du der personalen Verbundenheit. Es ist das Du, das die Glieder einer Familie verbindet, die Brüder einer Gemeinschaft, zwei Kameraden oder die Menschen, die sich als Brüder und Schwestern im Sein empfinden. Dieses Du gibt es nur zu einem personal aufgefaßten Wesen. Es bezeugt die Innigkeit einer Beziehung, ein besonderes Einssein mit dem anderen. Dieses lebendige Du findet seinen Ausdruck in leibhaftigen Gebärden, die Einheit bezeugen, angefangen vom Händedruck und dem miteinander Bruderschaft Trinken, über Umarmung und Kuß bis hin zur geschlechtlichen Vereinigung von Mann und Frau, insbesondere dort, wo die Liebe Wesensform und Schicksalsleib umfaßt. Hier kann die Du-Erfahrung zu einem Ereignis transzendenten Charakters werden, in der alles Bedingte verblaßt und das Unbedingte aufleuchtet.

Je mehr initiatische Erfahrung in überweltliche Tiefe und Weite reicht und aus diesem Unfaßbaren heraus den Menschen anspricht, in Frage stellt und erleuchtet, um so schwerer wird es, Bilder und Begriffe zu akzeptieren, in denen das von innen her berührende WESEN gestalthaft vorgestellt und in ein Jenseits verlegt wird. Es mag für das vorrationale Gemüt noch natürlich sein, Gott menschliche Eigenschaften und Gaben in einem überdimensionalen Format zuzuschreiben. Je mehr sich aber der Glaube an einen außerweltlichen Gott zu der Erfahrung einer allimmanenten Transzendenz wandelt, desto mehr wehrt sich der Mensch gegen die Fassung des Unfaßbaren in Bilder und Begriffe, die seine Unendlichkeit verendlichen. In unserer Zeit ergreift das Unfaßbare den Menschen immer mehr in innerer Erfahrung, die ihn jenseits von Bildern und Begriffen erschüttert und auch verwandelt. Wo das geschieht, werden Predigt und Lehre, die in nur vordergründiger Weise von Gott reden, immer unerträglicher. Es gibt eine die Glaubensinhalte allzu menschlich darstellende Verkündigung, die es dem zu seiner Tiefe erwachenden Menschen erschwert, Erfahrungen des ihm immanenten göttlichen Seins zuzulassen und ernstzunehmen. Setzt sich seine Erfahrung durch, dann kommt es zu Abkehr und Rebellion gegen eine nicht mehr zulässige Sprache. Wo der Mensch seine Seinsfühlungen und Seinserfahrungen zulassen darf, kann er aber auch einen neuen Zugang zum ursprünglichen Sinn theologischer Bilder und Begriffe gewinnen, den ihm eine rationale Interpretation immer mehr entfremdet hatte.

Auch die Gestalt Jesu Christi gewinnt für den, der zum Initiatischen, das heißt zum inneren Christus, erwacht ist, an Leuchtkraft. Sein Leben und seine Lehre, sein Bild und sein Wort werden auf neuer Ebene Bestätigung dessen, was zuinnerst erfahren werden kann. Seine Forderung, den Heiligen Geist in uns zu leben, wird gehört und verstanden. „In der Tiefendimension, in die das Za-Zen führt, kommt der Mensch Jesus Christus immer näher" (H. M. Enomyia-Lassalle). Seine Erscheinung verliert aber an ergreifender und verwandelnder Kraft, wo seine Lehre zu einer allgemeinverständlichen Tugendlehre wird, so daß schließlich das „Kreuz Christi mit dem Roten Kreuz verwechselt wird". Dies mag ein Zweig am Baum des Herrn sein, ist aber nicht der Baum selbst.

Auch dem Geheimnis der Trinität öffnet sich für den initiatisch Erwachten ein neues Tor existentiellen Verstehens, denn in ihr spiegelt sich das Grundgesetz alles lebendigen Seins, zu dem der Initiierte, wenn auch erst von ferne, einen Zugang erhält. Initiatisches Erwachen führt immer tiefer in die Erfahrung dieses universalen Gesetzes hinein. Auch die Grundeigenschaften, die alle Hochreligionen ihren Göttern zumessen: Mächtigkeit, Weisheit und Güte, gehen dem Menschen in der Großen, initiatischen, Erfahrung innerlich auf. In dem ihn erschütternden Erleben erfährt er die überweltliche Kraft des Seins in der Schwäche, ja, der Vernichtung seines weltlichen Daseins. Er erfährt das überweltliche Licht im Annehmen der Finsternis seiner Welt, und er erfährt die überweltliche Liebe mitten in der Trostlosigkeit seiner Einsamkeit. In dieser dreifachen Erfahrung liegt die Wurzel für den trinitarischen Charakter aller Religion.

Nur der, dem die Erfahrung noch fremd ist, wird solche Aussagen als eine psychologische Reduktion göttlicher Wirklichkeit ansehen, während sie in Wahrheit kraft der Erfahrung ihre allen Dingen, auch dem Menschen immanente Realität bezeugen. Aber das ist die Zwickmühle, in der sich in unserer Zeit die Verkündigung befindet. Was dem einen zu hören gemäß und noch möglich ist, schreckt den anderen ab. Und was diesen erreicht, bleibt für den anderen irreligiöses Gerede. Wem in der Erfahrung Offenbarung zuteil wird, muß sich davor hüten, sich vor überlieferten Formen und Formeln wie vor bedrohlichen Wächtern der Wahrheit zu fürchten.

Die Anerkennung der Gültigkeit der Erfahrung immanenter Transzendenz stellt in keiner Weise in Frage, daß die Begegnung des weltbedingten Ichs mit der dem Menschen immanenten Transzendenz Du-Charakter hat. So wie das bedingte Welt-Ich und das unbedingte Wesen sich im Bewußtsein des Menschen im Gegeneinander und Zueinander bewegen, so auch erfährt der Mensch sie im Miteinander, im Dialog. Er vernimmt sein Wesen, in dem er teilhat am überweltlichen Sein, in einem Anruf, der sowohl fordernden wie liebevoll einladenden, schöpferisch anstoßenden wie Erlösung verheißendenCharakter haben kann. In seinem weltlichen Horizont erfährt sich der Mensch von ihm getrennt als einer, der sich ihm widersetzt, aber zugleich bittet und hofft. Nicht also geht dem initiatisch Erwachten, der dazu steht, daß er im Wesen selbst das Geheimnis ist, die Distanz zum Göttlichen verloren, denn so tief er auch in das Geheimnis des Unbedingten, das er selbst im Wesen ist, eingeht, er erfährt die Distanz, die er als der weltlich Bedingte doch zu ihm hat, nur immer deutlicher. Personwerden aber erfüllt sich für ihn im Transparentwerden der weltbedingten Gestalt für das unbedingte Inbild seines Wesens, darin das göttliche Sein in ihm selbst anwesend ist.

Je mehr er in der Durchlässigkeit für das Wesen zur *Person*, d. h. zu einer das Welt-Ich übersteigenden, gleichsam überpersönlichen Person wird, um so mehr hat auch das ihn immanent ansprechende göttliche WESEN den Charakter eines alle Begrenztheit überschreitenden, überpersönlich-*personalen* Du's.

Dieses göttliche Du hat aber einen grundsätzlich anderen Charakter als der dem Zweifel an seiner Gerechtigkeit ausgesetzte „liebe Gott". Auf diesen bezogen kann ein konsequenter Atheismus, der mit den Bildern und Vorstellungen eines Gottes aufräumt, der, nach dem Bild des Menschen geformt, notwendigerweise den Glauben an seine Weisheit, Gerechtigkeit und Güte enttäuscht, der Wegbereiter zu einem initiatischen Durchbruch werden. In ihm kann der Mensch dann unvoreingenommen erfahren, daß auch im Schrecken der Leere (horror vacui) die göttliche Fülle des Nichts (benedictio vacui) offenbar und fruchtbar werden kann.

IM DIALOG MIT DEM GÖTTLICHEN DU

Neuntes Kapitel

Die Liebe

Initiatisches Leben kreist um das, was die Seinserfahrung dem Menschen offenbart, und um die Entwicklung, die er, ausgehend von dieser Erfahrung, nehmen kann. Der in der Seinserfahrung empfangene Auftrag betrifft die Manifestation des Seins im Dasein. Was das bedeuten kann, ergibt sich aus dem in der Seinserfahrung selbst aufgehenden dreifachen Aspekt des Seins: das Sein als schöpferische Fülle, als sinngebende Gesetzlichkeit und Ordnung und als allverbindende Einheit. Die drei Aspekte erscheinen im menschlichen Leben auch auf vorinitiatischer Stufe als Kraft, Sinn und Liebe. An dieser Dreiheit aber wird der Unterschied deutlich zwischen dem bedingten, im Welt-Ich zentrierten Leben und dem zur Stufe des Initiatischen gelangten Leben. Im vorinitiatischen Menschen beruht die Kraft auf dem, was er hat, kann und weiß. Sinn hat nur, was man versteht, und Liebe ist nur dort, wo Gemeinschaft und Geborgenheit sind. Der zum Sein Erwachte jedoch erfährt die Fülle des Seins in einer Kraft, die er im Wesen *ist*, mitten in der Schwäche der Welt; den Sinn als SINN jenseits von Sinn und Unsinn dieser Welt; die Liebe als umfangende Geborgenheit auch in der Ungeborgenheit und Einsamkeit dieses Daseins.

Dem Unerfahrenen mag es bisweilen so scheinen, daß der Mensch, der sich auf der neuen Stufe auf dem Weg zu sich selbst bewegt, egozentrisch sei, nur um sein Ich kreise und also der Liebe ermangele. Es mag in der Tat zeitweilig so scheinen, weil seine Weise, Liebe zu üben, sich von der vorinitiatischen unterscheidet. Seine Weise, Menschlichkeit zu üben, ist anders.

Liebe erscheint zunächst in dem, was man Mitmenschlichkeit nennt. Im vorinitiatischen Leben bewährt sie sich dort, wo ein Mensch dem anderen hilft, die Grundnöte des Daseins zu bestehen; anders gesagt, seine Grundanliegen: Sicherheit, Sinn und Liebe, zu erfüllen. Diese Aufgabe bleibt immer bestehen. Leben auf initiatischer Stufe hebt den Wert ethischer Tugend nicht auf, im Gegenteil, ihre Bewährung erst berechtigt zum Schritt auf die andere Ebene. Auf dieser jedoch bedeutet Mitmenschlichkeit, das heißt Liebe im weitesten Sinn, mehr. Sie bedeutet, dem anderen zu helfen, die Bedingungen dafür zu entwickeln, selbst diese Stufe zu erlangen; ihm zu helfen, Erlebnisse ernst zu nehmen und sie ihm zu vermitteln, in denen ihn das Sein als überweltliche Kraft, Sinn und Liebe anrührt; ihm also zu helfen, sich selbst im Sein zu erfahren, zu erkennen und zu verankern. Diese Liebe bekundet sich nicht mehr vorab in weltlicher Hilfsbereitschaft und tröstender Zuwendung, sie ist vielmehr eine Liebe, die auch hart sein kann. Sie fördert, indem sie fordert, insbesondere, sich sowohl Not und Leid dieses Lebens wie auch Verlockungen der Welt gegenüber anders zu verhalten als der vorinitiatische Mensch, denn erst im Annehmen des Leidens und im sich Versagen von mancherlei Freuden kann jene Dimension hervorkommen, die jenseits von Leid und Freud dieser Welt das Glück in der Erfüllung des überweltlichen Auftrages findet. Auf der initiatischen Ebene erfahren die Menschen sich in verantwortlicher Liebe im aufeinander Angewiesensein als Brüder und Schwestern im Sein.

In einem initiatisch ausgerichteten Leben ist die Liebe das fruchtbarste Feld zur Erfahrung des Seins. Wo immer von Liebe gesprochen werden kann, ist die Chance gegeben, die Qualität des Numinosen in personaler Tiefe zu erfahren und in dieser Erfahrung sich des überweltlichen Seins als besonderen Glückes und besonderer Verpflichtung innezuwerden. Es gibt auf dem Feld der Liebe die spezifische Erfahrung des Numinosen im Eros-Erleben. Erotik ist ein Feld, auf dem der Mensch sich selbst überschreitet, wenn er es vermag, sich in dem Ich zu überschreiten, in dem er nur besitzen oder genießen will. Das Numinose ist letztlich der Maßstab, an dem in initiatischer Sicht die Legitimität und der Rang einer Liebe gemessen werden kann. Doch dieses Numinose gibt es nicht erst in der personalen Liebe, sondern auch wo die erotische Begegnung zweier Menschen Ausdruck ist für das Angerührtsein von einer kosmischen Macht. Das Numinosum in der Liebe hat aber seinen eigentlichen Platz erst in der personalen Liebe. Hier begegnen sich zwei Menschen in der Einmaligkeit ihres Personseins. Dann meint das Einswerden den ganzen Menschen. Es ist ein Besonderes, wenn zwei Menschen nicht nur in der Ebene des raumzeitlich bedingten, von seinen Trieben und Wünschen erfüllten Welt-Ichs, sondern in ihrem überpersönlichen Wesen zueinander finden. Das besagt, daß auch das Erleben des Numinosen selbst in verschiedene Tiefe weist. Das Erleben in der Begegnung zweier Personen, die im Wesen zueinander finden, ist anderer Art und weist in größere Tiefe, als eine vielleicht intensivere, aber unpersönliche sexuelle Begegnung kosmischen Charakters. Jedoch kann auch dieses, wo es einmal alle Sicherungen und Hemmungen des Ichs wegschwemmt, zu einem initiatischen Erlebnis werden.

Die Liebesbeziehung vertieft sich noch einmal, wo sie nicht nur ein Einswerden im Wesen bekundet, sondern je den Schicksalsleib des anderen mit einschließt. Erst wo das Überweltliche im weltbedingten Lebensleib aufleuchtet, ist dieser als Person (personare) initiatischer Liebe erschlossen. Denn letztlich ist auch der Schicksalsleib des Menschen die Weise, in der das überweltliche Sein sich unter den Bedingungen der Welt schlecht und recht, leidvoll oder glückhaft, zu bekunden vermochte. Liebe im initiatischen Sinn stellt keine Bedingungen, sondern findet das Unbedingte gerade auch in einer das Urbild verbergenden Verhüllung, die die durchlittenen Lebensbedingungen einem Menschen auferlegt haben.

Eines verbindet alle Situationen, in denen von Liebe gesprochen wird: daß man als ein vom Anderen Getrennter eine Einheit mit ihm empfindet und den Impuls verspürt, eins mit ihm zu werden. Dieser Drang zum Einswerden kann auch bedeuten, daß man ahnt, daß man in diesem Einswerden selbst ganz wird und darin erst seinem eigentlichen Wesen begegnet. Worum es hier geht, wird deutlich in der Zeit der ersten Liebe in der Pubertät. Der junge Mensch erwacht eines Tages als Mann und bedarf, um ganz zu werden, der Frau. Dann kann er den Eros der Ferne erleben. Er sieht ein Mädchen, und allein die Vorstellung, mit ihr eins werden zu können, fern davon, sie anrühren zu wollen, läßt ihn spüren, daß im Einswerden die Möglichkeit zum Wiederganzwerden läge. Die bloße Vorstellung möglichen Wiederganzwerdens läßt ihn zum ersten Mal sich selbst wehmütig im Wesen erfahren[7]. Das ist für viele Menschen im Eingehen einer alten und dem Aufgehen einer neuen Stufe im Überschreiten einer Schwelle eine erste bewußte Erfahrung des Numinosen, das immer auf ein Innewerden des Seins hinweist.

Eines ist gewiß: eine Höchstform der personalen Liebe findet sich dort, wo der Mensch auf dem Wege zu seinem Wesen, der initiatische Mensch, einen Partner findet, einen Weggenossen, einen, der den Weg mit ihm geht. Die Beziehung wird fruchtbar, wo der eine für den anderen der rechte Resonanzboden wird, wobei er nicht nur in der Zustimmung, sondern auch in harter Entgegnung die Wahrheit erfährt und am Stehenbleiben gehindert wird. Dann wird die Begegnung mit dem anderen zum Weg, auf dem der eine sich im anderen zu erkennen, zu erfahren, zu ergänzen, zu vertiefen und letztlich zu verwirklichen vermag.

In der Liebe, die aus der überweltlichen Kraft des Wesens erlösend und schöpferisch das Sein in Reinheit zur Daseinsgestalt werden läßt, erfüllt sich das Wozu initiatischen Meditierens und Lebens. Am Ende kann Liebe als Erfülltsein von der Einheit des Seins zu einem Zustand werden, in welchem der Mensch auch jenseits aller personalen Beziehungen zu einem Zentrum segenspendender Strahlung wird – der priesterliche Mensch!

Lieben: Einswerden im Wesen

Die Antwort auf die Frage nach dem „Wozu meditieren“ ist: Die Wende zum Initiatischen! Sie stellt in die Mitte menschlichen Daseins das Innewerden des göttlichen Seins, das dem Menschen als sein Wesen immanent ist. Dieses zu erfahren und im täglichen Dasein zu bezeugen wird zum Sinn aller Übung.

Zweiter Teil
meditieren – wie?

A. Voraussetzungen und Vorübungen

Erstes Kapitel

Voraussetzungen

Von den beiden Fragen: „Wozu und wie meditieren?" beantwortet die Praxis der Meditation das „Wie". Die Antwort auf das Wie ist eine Beschreibung der Technik. Die Technik aber, recht verstanden, ist das Wesen selbst in der Weise, in der es vom Übenden mit Bewußtsein und aus Freiheit zur Erscheinung gebracht wird. „Technik, vollendete Technik, ist am Ende dann Tao, und Tao ist Technik."[8]

Zur Praxis des meditativen Lebens gehört Klarheit über die Voraussetzungen der Übung, gehören Vorübungen, die Übungen selbst und der Alltag als Übung. Das „Wie" bezieht sich auf die Verwirklichung von Sinn und Ziel des initiatischen Lebens. Es betrifft immer zweierlei: die eindeutige Grundeinstellung auf das Eine, das nottut, und die Mannigfaltigkeit der im Dienste des Einen stehenden Übungen.

1. Gesamteinstellung

Wer sich auf den Weg der Übung begibt, ist in dreifacher Weise beteiligt: als Leib, Seele und Geist. Seine Arbeit auf dem Weg wird mitbestimmt sein von seiner körperlichen Verfassung, seiner Gesundheit; seiner seelischen Verfassung und Stufe und seinem Verhältnis zum Absoluten. Zu den Voraussetzungen alles Übens gehört ein Wissen um die Grundproblematik des Weges. Sie ergibt sich daraus, daß der Mensch gespannt ist zwischen zwei Pole: dem raumzeitlich bedingten Welt-Ich und dem überraumzeitlichen, unbedingten Wesen. Der Anspruch des Wesens auf Auszeugung in einer personalen Gestalt erfüllt sich in einer Verwandlung der psychophysischen Ganzheit des Menschen. Er aber stellt dem Anspruch des Wesens sowohl physische wie psychische Hindernisse in den Weg. Zur fehlenden Transparenz im Leibe gesellt sich die psychische Undurchlässigkeit in Gestalt der Eigenwilligkeit des Ichs und des Schattens, sowie, beide übergreifend, anfänglich eine falsche Grundeinstellung. Die Grundeinstellung muß einem Wandel unterliegen, darin Verheißung und Auftrag des Wesens den Vorrang gewinnen vor den Glücksmöglichkeiten und Forderungen der Welt.

Voraussetzung aller Praxis ist: 1. daß der Mensch entschieden sei zum WEG, zur Einswerdung mit dem immanenten Wesen, 2. daß er bereit sei, das sich immer wiederholende „Stirb und Werde" zu vollziehen, das die Vorbedingung für diese Einswerdung und die erst aus ihr mögliche Verwirklichung des wahren Selbstes ist. Er muß bereit sein, immer wieder das Gewordene aufzugeben oder zerschlagen zu lassen. Immer wieder muß er die Bereinigung des Unbewußten auf sich nehmen. Ohne sie steht auch die vermeintlich wesensgemäße Daseinsform auf tönernen Füßen. Der Fortschritt auf dem Wege hängt auch ab von einer moralischen Kraft, ohne die es keine Treue zur Übung gibt.

Die Stetigkeit des Bezogenseins auf das überweltliche Wesen wird bestimmt sein durch die Nachhaltigkeit der Erfahrung, in der dem Übenden das Wesen als Verheißung und verpflichtender Auftrag aufging. Immer wird sie auch bestimmt sein durch die Entschiedenheit, mit der er sich inmitten aller Ablenkungen durch die Auseinandersetzung mit der ihn verführenden, verpflichtenden und gefährdenden Welt in ständiger Fühlung mit seinem Wesen hält.

Das „Wie" des Meditierens betrifft nicht nur die Technik des Übens in der Vielzahl der Übungen, die sich dem Übenden anbieten, sondern ist allem zuvor bestimmt durch die sie alle tragende Grundeinstellung zur unendlichen Aufgabe, die der Weg als Medium des LEBENS bedeutet. Es ist vor allem die Treue zum Weg, die zählt. Der initiatische Weg ist eine fortgesetzte Probe auf die Freiheit des Menschen. Diese Freiheit bekundet sich in der Kraft zur Disziplin, die Härte ständiger Übung auszuhalten, ohne die ein Fortschritt nicht möglich ist. Diese Disziplin darf freilich keine heteronome Disziplin sein, in der der Übende sich – sei es aus gutem Willen oder Ehrgeiz, aus Angst, Not oder Begeisterung – fremder Autorität unterwirft. Es muß vielmehr eine autonome Disziplin sein, aus der die Treue zur Übung die Frucht einer Entscheidung ist, die der Übende aus voller Freiheit sich selbst gegenüber getroffen hat. Auch, wo der Übende sich der Führung eines anderen anvertraut, wird der Fortschritt auf dem Wege nur dann zu echter Verwandlung führen, wenn der Charakter der Übung dem eigenen Werde-Gesetz entspricht, wenn die Weisung des Meisters im Einklang mit dem eigenen Wesen in die Freiheit des eigenen Willens aufgenommen ist und sich in der Treue zur Übung die Freiheit einer eigenen Entscheidung auswirkt.

Aber entscheidend bleibt die Bereitschaft, das Grundgesetz aller Verwandlung zu akzeptieren: das große „Stirb und Werde". Ohne Eingehen kein neues Aufgehen, ohne

Entwerden kein Neuwerden, ohne Sterben kein neues Leben. Das Sterben bezieht sich auf die jeweils gewordene Form. Das jeweils Gewordene ist der Widersacher des Ungewordenen, auf dessen Werden es aber beim nächsten Schritt ankommt. Wo immer der Mensch sich in einer glücklich gewonnenen Position beruhigt, ist sein Werden aus dem Wesen in Gefahr. Menschliches Leben führt auch unweigerlich immer wieder an eine Grenze des Nicht-mehr-Könnens, des Nicht-mehr-Aushaltenkönnens einer Zumutung, eines Schmerzes, eines Leidens. Erst das Bewältigen dieser Grenzen, das die Vernichtung des eigenen Anspruchs enthält, öffnet immer wieder das Tor zum Geheimen hin. Dies ist kein einmaliger Vorgang, sondern wiederholt sich in immer tiefer greifenden Durchgängen. Dazu gehören Mut, Vertrauen und Geduld, ein langer Atem und ein Glaube, der, aus Erfahrungen des Überweltlichen gewachsen, unerschütterlich die Quelle aller Gaben ist, ohne die die Treue auf dem Weg ein Wunschtraum bleibt.

2. Klarheit über das Ziel: Die Große Durchlässigkeit

Die Praxis der Meditation erfüllt den Sinn des Meditierens. Der Sinn aller meditativen Praxis ist die Transparenz für die immanente Transzendenz, die Große Durchlässigkeit für das uns und allen Dingen innewohnende und auf Manifestation drängende WESEN. Die Bereitung zur gesuchten Transparenz für das WESEN erfordert die Beantwortung der Fragen:

Wie öffne ich mich ihm?
Wie nehme ich es wahr?
Wie lasse ich es zu?

Wie nehme ich es auf?
Wie lasse ich es in mich ein?
Wie beseitige ich die es behindernden Widerstände (Eigenwille und Schatten)?
Wie lasse ich es Gestalt gewinnen in mir und in meinem Leben und durch mich hindurch in meiner Weise, die Welt wahrzunehmen, das heißt, die Welt in ihrer tiefen Wahrheit zu nehmen und sie und mein Leben dieser Wahrheit gemäß zu gestalten?

So geht es um zweierlei: um die Begegnung mit dem Wesen als Erlebnis, und das Werden aus dem Wesen als Verwandlung.

Der Sinn aller meditativen Übungen: die Einswerdung des Übenden mit dem göttlichen Sein! Je mehr er hierin voranschreitet, desto mehr wird er fähig sein, die Stimme des großen LEBENS zu vernehmen, sich in ihm zu verankern und aus ihm heraus sein Leben zu leben, das heißt, die Welt, in der er lebt, vom Göttlichen her zu erleben, zu erkennen und zu gestalten.

Ist die Große Durchlässigkeit das Ziel der Übung, so muß der Übende in der Praxis der Übung versuchen abzubauen, was ihr im Wege steht, und zu fördern, was sie ermöglicht.

3. Leibhafte Transparenz

Die Frage: Meditieren – wozu? stellt sich uns nicht als theoretisches Problem, sondern als praktische Aufgabe. Die Antwort lautet: Zur Verwandlung des ganzen Menschen. Es geht um die Verwandlung zu dem Menschen, der zum Sein hin durchlässig geworden ist und fortan vom Sein her lebt. Das bedeutet eine neue Form des Daseins in der Welt, eine Form, deren Grundzeichen die Transparenz ist, die Durchlässigkeit zum Wesen.

Was auch immer man unter dem Wesen verstehen will, eines ist gewiß, es ist Leben, ohne Unterlaß bewegendes, sich erneuerndes, schöpferische Verwandlung meinendes Leben. So ist ihm alles entgegengesetzt, was diese Verwandlung nicht zuläßt. Immer stellt der Mensch in seinem jeweiligen Gewordensein einen solchen Widerstand dar. Er hält sich und verhält sich je in einer bestimmten Form, wahrt seine Position, ist der Veränderung abhold. Für die Praxis des Weges als ununterbrochene Übung ist es von entscheidender Bedeutung, gegenwärtig zu halten, daß dieser Widerstand keine nur seelische Einstellung ist, sondern eingefleischt im Leibe. Initiatisches Leben ist eine fortgesetzte Auseinandersetzung mit diesem Widerstand.

Initiatisches Meditieren und das ihm entsprechende meditative Leben betreffen den ganzen Menschen, also auch den Menschen in seinem Leibe. Zur Klarheit über die Bedingungen, unter denen initiatisches Leben voranschreitet, gehört eine geklärte Vorstellung von dem, was man unter „Leib“ versteht, vom Verhältnis des Menschen zu seinem Leib und von der Bedeutung des Leibes in der Ganzheit des Menschseins.

Wo immer der innere Weg als der Weg der Einswerdung mit dem überweltlichen Leben gesucht, gelehrt und gegangen wurde, nahm die Vorstellung vom Sinn und Wert des Leibes einen maß- und richtunggebenden Platz ein. Es gibt, beispielsweise im Osten und auch in der abendländischen Gnosis, die Vorstellung vom Körper als dem Haupthindernis auf dem Weg und die innere Loslösung von ihm als Hauptvoraussetzung inneren Voranschreitens auf dem Wege zum Licht. Eine entgegengesetzte Auffassung vertritt das Christentum mit seiner Lehre von der

Fleischwerdung des Geistes. „Der Leib ist die raumzeitliche Gestalt des Geistes" (K. Rahner). Dieser Auffassung zum Trotz war die christliche Kirche weitgehend von der gegenteiligen Auffassung beherrscht: von der Geistfeindlichkeit des Leibes. Es gehört zu den Zeichen der Wende in unserer Zeit, daß die negative Beurteilung des Leibes als Widersacher des Geistes einer Bejahung des Leibes zur Gestaltwerdung des Geistes zu weichen begonnen hat.

Wird vom Leibe gesprochen, so müssen wir lernen, zu unterscheiden den Leib, der man ist, von dem Körper, den man hat. Es gibt zwei verschiedene Weisen, den Leib zu erfahren, vorzustellen, zu erkennen, zu behandeln, zu üben und heil zu halten – je nachdem, ob man den Körper, den man hat, im Auge hat oder den Leib, der man ist. Der Körper, den man hat, ist etwas, mit dem man sich nicht eigentlich identifiziert. Man hat ihn, und er soll einem dienen und zur Verfügung stehen wie ein Instrument. Störungen dieses Körpers meinen Störungen der Gesundheit, der Leistungsfähigkeit und Funktionstüchtigkeit in der Welt. Die Sorge um ihn obliegt, wenn ihm etwas fehlt, dem Arzt, dessen Information sich auf den Körper bezieht, den man hat. Der Arzt in der bisherigen Tradition hat gelernt, den Körper weitgehend unabhängig zu sehen vom Menschen, also auch unabhängig vom Leib, der er *ist.*

Unterschiedlich zu dem Körper, den man hat, ist der Leib, der man ist, nicht losgelöst vom Menschen, dessen Leib er ist, zu sehen; sondern im Gegenteil, der Leib *ist* der Mensch in der Weise, wie er als lebendige Gestalt in der Welt *da* ist. Jede Verspanntheit wird man, hat man nur den Körper im Sinn, nur als eine Kontraktion der Muskeln ansehen und sie physisch angehen. Im Leibe, der man ist, bedeutet aber jede Verspanntheit den Menschen in einer bestimmten Haltung: der Haltung eines Mißtrauens, einer Angst, eines Widerstandes oder der Abwehr. So gesehen, löst sich die eigentliche Spannung nicht durch einen physischen Eingriff, sondern durch eine andere Haltung des Menschen, eine Haltung des Vertrauens. Der Leib ist die Weise, in der der Mensch sich in der Welt darlebt, d. h. darleibt. Er ist die Weise, in der er sich ausdrückt, darstellt, verfehlt oder verwirklicht. Der Leib in seiner jeweiligen Erscheinung und Konstitution ist das Ergebnis nicht nur wie etwa der Leib einer Blume das Ergebnis eines natürlichen Wachstums, sondern auch der Niederschlag seelischen Lebens. Er ist die Verkörperung des Maßes und der Weise, in der der Mensch sein Inneres in einer Bewegung auszudrücken vermochte oder aber verhielt, so daß der geschulte Blick in Form und Bewegungen des Leibes den inneren Menschen in seiner Freiheit und in seiner Not, ja, selbst in seiner Geschichte erkennt. Der Schüler auf dem initiatischen Weg bewußten Werdens ist vorrangig auf den Leib bezogen, der er ist, auf den Leib, dessen Transparenz auf dem Spiel steht.

Das Leibgewissen des vorinitiatischen Menschen meint Gesundheit, meint Leistungsfähigkeit und Funktionstüchtigkeit für die Welt, so daß Altwerden notwendigerweise mit einem Bedauern für die Anfälligkeit im Leibe gekoppelt ist.

Das zweite Gewissen, das den vorinitiatischen Menschen im Hinblick auf seinen Leib bewegt, bezieht sich über das Gesundsein hinaus auf die schöne Gestalt. Es hat also einen ästhetischen Sinn, wobei der schöne Leib natürlicherweise auch den gesunden Leib zur Voraussetzung zu haben scheint, so daß Altern auch das Schwinden der schönen Gestalt bedeutet. So gesehen, durchläuft der

Mensch im Körper, den er hat, eine Kurve, die über einen Höhepunkt seiner Vollendung niedersteigt und mit dem Sterben endet.

Das Leibgewissen des initiatischen Menschen ist von anderer Art. Es meint Transparenz. Sie ist weitgehend unabhängig von physischer Gesundheit, Jugend und Leistungsfähigkeit für die Welt. Ja, häufig ist es der den Unbilden der Welt weniger Gewachsene, Differenzierte, der körperlich Anfällige und Leidende, dem die auf das Wesen bezogene Transparenz des Leibes als mögliche und schließlich aufgegebene Erfahrung eignet. Schönheit, die Transparenz meint, wie in der Kunst, findet man auch bei alten und kranken Menschen. Das Zunehmen an Transparenz hängt von anderen Faktoren ab als der physischen Gesundheit. Hier sinkt die Kurve gemeinten Lebens nicht notwendig mit dem Altwerden ab, sondern kann bis zum Tode hin steigen. Ja, sie kann im Sterben selbst ihren Höhepunkt finden, auf dem der Mensch, wenn er den Körper, den er hat, losläßt, jene ichlose Transparenz finden kann, in der er frei ist von allem, was ihn festhielt, und aufgeschlossen für das, was als überweltliches Leben nun ungehindert auf ihn zukommt. Im Alter häßlich zu werden droht dem Menschen, der den initiatischen Weg verfehlt oder nie um ihn gewußt hat. Es ist der Mensch, der unter seinem Altwerden leidet und verbittert. Zunahme an Transparenz jedoch macht das Alter heiter und sein Antlitz schön.

Alle Übung auf dem initiatischen Wege ist eine Übung im Leibe, der man ist, eine Übung, deren Sinn es ist, die Bedingungen zu schaffen, unter denen in fortschreitendem Maße die Transparenz zum eigenen Wesen hin eintritt. Die Durchlässigkeit im Leibe befähigt uns zu zweierlei: das uns immanente Wesen und in ihm das überweltliche Sein in der Sprache des Leibes zu ahnen, vielleicht sogar zu spüren, und zum anderen, ihm die Möglichkeit zu geben, seinem Inbild gemäß im Leibe des Menschen Gestalt zu gewinnen.

Die Wendung zum Ernstnehmen des Leibes als Medium der Transparenz zum Wesen hin gehört immer zum Beginn eines initiatischen Lebens. Ohne kritische Wachheit, die die aufgegebene Transparenz des Leibes nicht aus dem Auge verliert, gibt es kein Fortschreiten auf dem initiatischen Weg. Das an der Transparenz orientierte Leibgewissen hat auch das Maß körperlicher Anforderungen zu bestimmen, das für die geforderte Transparenz des Leibes richtig ist. Es hat auch über den Rhythmus von Wachen und Schlafen zu bestimmen, ebenso über Essen und Trinken wie über Maß und Form physischen Einsatzes. Für all das gibt es keine starren Regeln. Der zum Weg Erwachte muß mit Elastizität die Regeln für sein leib-körperliches Verhalten der jeweiligen Stufe, dem Charakter des jeweils fälligen Durchganges, selbst anpassen.

Zweites Kapitel

Vorübungen

1. Die Übung der Stille

Statt immer gleich von Meditation zu sprechen, ist es zweckmäßig, aller Bemühung um meditative Übung oder meditatives Leben voranzustellen und stetig zuzugesellen Übungen der Stille – das sich Stillwerdenlassen im Geist, im Gemüt und im Leibe. Die Bemühung um Stillwerden im Leibe meint einerseits die Sorge um das reibungslose Funktionieren aller Organe, dann aber als besondere Übung die Übung zur totalen Unbewegtheit des Leibes.

Es gibt zweierlei Stille: die Stille des Lebens und die Stille des Todes. Die Stille des Todes ist dort, wo sich nichts mehr bewegt; die Stille des Lebens dort, wo nichts mehr die Bewegung der Verwandlung stört oder aufhält. So ist der lebendige Leib dort still, wo nichts die Bewegungen aller Funktionen, z. B. den Atem, aufhält. Die Stille des Leibes kann auch meinen: die Unbewegtheit aller Glieder. Sie kann das Ziel besonderer Übungen sein. Diese Übungen können durchgeführt werden im Stehen oder Liegen, am besten aber im Sitzen, wenn der Übende sich wirklich jede Bewegung, auch die kleinste, versagt und dies so lange wie möglich durchhält.

Wo diese Stille gelingt, erfährt man sie bald als dynamische Kraft, die, wo sie im Kampf mit den Geistern der Unruhe siegt, eine Erneuerung des ganzen Daseinsgefühls beschert, das für den initiatisch Eingestellten eine eigene Tiefe erschließt. Dieses Ergebnis unterscheidet jede in initiatischem Geist durchgeführte „Übung der Stille" von jenen gewöhnlichen Stille-Übungen, in denen es nur um Beruhigung auf der natürlichen Ebene, um Freiwerden von Verkrampfung und um physische Entspannung geht. Sie ist nützlich und bekömmlich, aber wo sie in die Auflösung führt oder in eine Ruhe, in der alle Freude am bewegten Tun erstirbt, ist sie heillos. Dann ist über der Unbewegtheit des Körpers auch der Leib, der man ist, entseelt.

Für den initiatisch Geöffneten führt schon die einfachste Stille-Übung über den pragmatischen Aspekt gesundheitlicher Förderung hinaus. Je länger die Stille des Leibes, die völlige Stille, dauert, um so tiefer ist ihre Wirkung. Sie vermittelt in geheimnisvoller Weise das Erleben, als habe man teil an einem die Grenzen des eigenen Körpers weit umgreifenden kosmischen Leib. Als ihm zugehörig fühlt der Übende sich zugleich in besonderer Weise geborgen und in einem allseitigen Kontakt. Die hier eintretende Stille erbringt dann eine Verfassung des Gemütes, die auch durch äußeren Lärm nicht mehr gestört wird. Der Geübte vermag sie zu halten, auch wo er dann aus der Unbewegtheit des Leibes heraus in die Bewegung geht.

Die Übung des unbewegten Leibes empfiehlt sich für Anfänger, besonders auch für Jugendliche, ja, schon für Kinder. Es ist immer wieder überraschend, wie gern sie diese Übung machen. Und es ist heilsam. Es ist nicht nur heilsam, sondern häufig erfährt auch der Jugendliche in solcher Übung erstmalig ein Berührtwerden durch eine andere Dimension. Er wird es nicht in Worte fassen können, aber es ist oft der geheime Grund, aus dem heraus er diese Übung gern macht. In ihr kann auch frühzeitig der

Keim für die Entwicklung des nach innen gerichteten Spürbewußtseins gelegt werden. Heilsam aber bleibt die Übung der Stille nur, wo der Übende in ihr nicht außer Form gerät und sich auflöst. Übungen, die in die Auflösung führen, haben mit dem initiatischen Weg nichts mehr zu tun.

Das Leben aus dem Wesen wird auf dem Wege zu seiner Gestaltwerdung in zweierlei Weise behindert: durch eine Widerstand bedeutende Verspanntheit und eine aller Form entbehrende Aufgelöstheit.

2. *Die rechte Gesamtverfassung*

Alle meditative Praxis erfordert, soll sie gelingen, eine bestimmte Gesamtverfassung im Leibe, der man ist. Diese ist bestimmt durch drei Faktoren: die rechte Haltung, den rechten Atem und die rechte Spannung. Die Begriffe Haltung, Atem, Spannung betreffen nicht nur den Körper, den man hat, sondern in erster Linie den Leib, der man ist, d. h. den Menschen als Person, die sich selbst in einer bestimmten Haltung, in einem bestimmten Atem und in einer bestimmten Spannung darlebt, d. h. darleibt.

Die rechte Haltung, der rechte Atem, die rechte Spannung hängen von einem ihnen gemeinsamen Zentralfaktor ab: dem rechten Schwerpunkt, dem Hara[9].

a) Hara

Das Wort „Hara“ kommt aus dem Japanischen und bedeutet wörtlich „Bauch“, im übertragenen Sinn eine Gesamtverfassung des Menschen im Leibe, der er ist. In dieser Verfassung ist er frei von der Vorherrschaft des kleinen

Ichs und gelassen verankert in seiner Erdmitte (Bauch-Becken-Raum). Besitzt er Hara, dann vermag er in gleicher Weise den Forderungen der Welt und denen des inneren Weges freier und gelassener zu genügen.

Hara beseitigt, was im Wege steht, sei es weltlicher Leistung oder innerem Fortschritt. Hara gewährleistet den Fluß des natürlichen Atems und den rechten Tonus, jenseits von Verspannung und Auflösung.

Das Hinfinden zum rechten Schwerpunkt wird, wie es die Erfahrung lehrt, am besten in folgenden Schritten geübt: Der Übende stellt sich zunächst breitbeinig, kräftig und gerade hin, die Arme lose herunterhängend, den Blick ins Unendliche gerichtet, so wie er als Mensch eigentlich „gemeint" ist: Aufrecht und frei und ein Bringer des Lichtes.

Es ist wesentlich, daß der Übende immer wieder von dieser ganz natürlichen, fest in sich ruhenden und zugleich auf die Welt bezogenen Grundhaltung ausgeht. Er soll also nicht gleich an Unterbauch, Kreuz etc. denken. Erst aus seiner guten Gesamthaltung heraus soll er alle Teile des Leibes von innen her auf die Leibesmitte hin und von ihr her spüren.

Die Übung zum Hara beginnt mit einem bewußten „Fußfassen". Der Übende fühlt seine Füße, wird sich immer mehr dessen bewußt, was er eigentlich dort fühlt, wo seine Füße sind. Er fühlt sein Gewicht auf den Füßen mit jedem Ausatem immer tiefer in den Boden hinein, fühlt durch die Füße hindurch die Erde, fühlt das Gewicht abwechselnd auf den Fußballen und auf den Fersen, dann in der Mitte und läßt sich aus der Erde emporwachsen über den Bauch-Becken-Raum hinauf bis zum Scheitel. Der Sinn des Erdens ist das ungestörte Wachsen.

Zur Entwicklung des Hara bedarf es der bewußten

Nutzung des natürlichen Atems: Der Übende horcht auf seinen Atem, wie er geht, geht, geht, kommt – geht, geht, geht, kommt, und er nutzt nun den Anfang des Ausatems, um sich in seinen Schultern loszulassen. Nicht also die Schultern loslassen oder gar herunterdrücken (das wäre nur eine Bewegung des Körpers), sondern *sich* im Leibe, der man ist, in den Schultern loslassen.

Dieser ersten Bewegung folgt eine zweite: Das sich Niederlassen. Man läßt sich am Ende der Ausatmung im Becken nieder. Dieses sich oben Los- und im Becken Niederlassen sind zwei Seiten *einer* Bewegung von oben nach unten, die aber beim Anfänger noch keineswegs selbstverständlich ineinander übergehen! Man kann zur Probe einmal die Schultern hochziehen, dann oben loslassen, und man wird feststellen, daß damit im Bauch-Becken-Raum noch gar nichts geschehen, das heißt, die auch dort vorhandene Spannung noch nicht gelöst ist. Mit dem Niederlassen im Becken kommt also etwas hinzu! Oft ist ein Übender fähig, sich oben mehr oder weniger loszulassen, aber noch nicht in der Lage, sich vertrauensvoll und ohne zusammenzuknicken, in seinem Becken niederzulassen. Er muß lernen, daß er nicht nur im Brustraum in einer aller Gelassenheit widerstrebenden Verspannung ist, sondern auch rings um den Unterleib. Hier kommt oft eine gewisse Angst vor wirklicher Bodenberührung zum Vorschein und ein Abgeschnürtsein von den kosmischen Kräften. Der verspannte Bauch-Becken-Raum einschließlich einer Verspannung des Gesäßes ist Ausdruck mangelnder Gelassenheit, häufig auch Ausdruck von Lebensangst und Anzeichen vieler Verdrängungen, insbesondere sexueller Art. Ein verspannter Bauch-Becken-Raum ist im Leibe, der man ist, ein Haupthindernis auf dem initiatischen Weg! Wie seltsam klingt dieser Satz für die Ohren eines

Menschen, der glaubt, geistig ohne Verwandlung im Leibe voranzukommen. Im Aufmerksamwerden auf den verspannten und verschlossenen Bauch-Becken-Raum wird die eingefleischte Gewohnheit, sich oben im Ich-Raum sichernd festzuhalten, bewußt. Im Fortschritt der Übung muß am Ende dann die Bewegung aus der Schulterspannung heraus und die Bewegung in das tragende Becken hinein zu einer einzigen zusammenhängenden Bewegung werden. Je mehr der Übende den Sinn und die Bedeutung der Übung des sich Niederlassens im Beckenraum erfaßt und leibhaftig zu spüren lernt, desto schneller wird er feststellen, daß er immer wieder in die Schulterspannung geht, sich wieder oben festhält und weit davon entfernt ist, sich zu lassen.

Die Bedeutung des Bauch-Becken-Raumes für die Gesamtverfassung des Menschen darf nicht unterschätzt werden. Seine Verspanntheit ist gleichbedeutend mit einer Blockierung aller Funktionen und darüberhinaus eine Abgeschnürtheit von den kosmischen Kräften. Es gibt keine Krankheit und kein psychisches Leiden, deren Behebung unabhängig wäre von der Freiheit im Bauch-Becken-Raum.

Die Öffnung des Bauch-Becken-Raumes vollendet sich in einer dritten Bewegung, in der der Mensch sich wirklich eins werden läßt mit dem Boden. Im voll zugelassenen Bauch erst entwickelt sich die ganze, Hara genannte, Erdmitte des Menschen. Sie umfaßt nicht nur den Unterbauch, sondern den ganzen Bauch-Becken-Raum, Lenden, Kreuz und Gesäß eingeschlossen. Der Übende fängt an, sich mehr und mehr wie eine Birne zu fühlen oder wie eine Pyramide oder wie breit verwurzelt in der Erde. Dazu ist freilich erforderlich, daß er den Bauch nicht nur einfach herausfallen läßt. Falsch ist auch, wenn er ihn aufbläht oder heraustreibt. Richtig ist, daß er in den gelöst und frei zugelassenen Unterbauch beim Ausatmen *etwas* Kraft hineingibt. Auf das Spüren dieser Kraft im Wurzelraum, d. h. im Unterleib, im Kreuz, im ganzen Rumpf, kommt es an. Man kann das Bewußtsein dieser Kraft noch dadurch steigern, daß man einmal langsam und tief die Fäuste unterhalb vom Nabel in den Bauch drückt und dann mit losen Schultern und ohne den Rest des Körpers im geringsten zu bewegen, allein mit der Bauchmuskulatur wieder nach vorn schnellen läßt, d. h. den „Eindringling Faust" mit einem Ruck herauswirft. Läßt man dann den Bauch so stehen, so daß man nun auf dem Unterleib kräftig herumtrommeln kann, ohne daß dies unangenehm ist – dann steht man *fest* und kann nicht geworfen werden.

Doch in dieser Haltung ist noch ein Fehler: die Magengrube ist mit gespannt. Darum soll man, während der Unterbauch leicht gespannt bleibt, die Magengrube wieder weich werden lassen, im übrigen die Spannung, die zur Einübung oder in Augenblicken der Gefahr stark sein darf, wieder bis auf eine nur leichte Gespanntheit, die immer erhalten bleiben kann, zurücknehmen. Nun fühlt man sich im ganzen gelöst, aber im rechten Schwerpunkt „da unten" geerdet und standfest verankert.

Auf die Frage, wann Hara geübt werden soll, lautet die Antwort: den ganzen Tag. Hara kennzeichnet die rechte Grundhaltung. Es gibt keine volle Wachheit, keine freie Präsenz ohne die Verankerung im rechten Schwerpunkt. Wo immer man steht, geht oder sitzt, schnell oder langsam, aufrecht oder angelehnt: Hara! Im Hara empfängt man Kraft und gibt nicht unnötig Kraft aus.

Die Bedeutung des beherrschten Hara für den initiatischen Weg beruht darin, daß er, wie den falschen Schwerpunkt (zu weit oben), auch die sich darin ausdrückende

Vorherrschaft des kleinen Ichs aufhebt. Damit gibt der Übende, der Hara beherrscht, den Weg zur Fühlung mit dem Wesen frei, der durch sie verstellt war. Das Ich in all seinen Formen vom kleinen Ich über das nicht mehr egozentrische Welt-Ich bis zu dem das Selbstbewußtsein im Wesen bekundenden wahren Ich hat immer nicht nur seine Entsprechung im Leibe, sondern ist als eine selbstbewußte Weise menschlichen Daseins zugleich immer auch eine besondere Weise des Menschen, Leib zu sein. Es gibt keine geistige Wirklichkeit ohne eine ihr entsprechende Gestaltformel. Wie auch der flüchtigste Gedanke eine Umstimmung des Leibes mit sich bringt, oder beispielsweise das Denken der Vokale allein eine jeweils andere Leibform erfahren läßt, so bedingt auch die initiatische Einstellung eine bestimmte Daseinsweise im Leibe, wie sie umgekehrt auch durch eine solche erleichtert und gefestigt werden kann. So entspricht auch der initiatischen Grundeinstellung eine Verfassung des Leibes, die die Vorherrschaft des der Wesensfindung entgegengesetzten Ichs einschränkt. Ein Mensch, der leicht „hochgeht", ist der initiatischen Grundeinstellung fern. Sie meint der Welt gegenüber Gelassenheit, die erst Hara voll ermöglicht. Mit der Gewinnung des Hara weitet sich der Horizont in eine überweltliche Weite, Höhe und Tiefe. Ohne Hara gibt es keine haltbare Transzendierung der auf den Lebensraum des Welt-Ichs beschränkten Weltsicht.

b) Die rechte Haltung

Rechte Haltung, das heißt, die im rechten Schwerpunkt verankerte Haltung bezeugt immer ein rechtes Verhältnis der Vertikalen zur Horizontalen. Die Stabilität der Aufrechten hängt ab von der Kraft zur Verankerung, der

Breite und Festigkeit der Waagerechten. Das rechte Bild für die Horizontale ist, insbesondere für die rechte Haltung im Sitzen, der Wurzelstock. In ihm wächst der Baum mit seinen Wurzeln immer tiefer und breiter in die Erde, und aus ihm wächst er immer freier empor in seine Krone.

Die rechte Haltung erweist sich in der rechten Stellung des Menschen zwischen Himmel und Erde und seinem Grundverhältnis zur Welt. Von der Haltung hängt es ab, in welchem Maße er in seiner Eigenständigkeit und in der rechten Weise offen und geschlossen oder aber in unfruchtbarer Weise ausgeliefert oder verschlossen ist.

Die Arbeit an der rechten Haltung gehört naturgemäß schon zu einem vorinitiatischen Leben, das den Anforderungen der Welt in der natürlichen Ich-Entfaltung entspricht. Es erfolgt die Einübung der rechten Haltung aber in einem anderen Geiste, wenn der Übende die Fühlung mit dem Wesen im Sinne hat, die ihm durch die falsche Haltung verstellt, durch die rechte Haltung aber geöffnet wird. Derselbe Faktor, der der rechten Haltung im Bereich der Leistungswelt im Wege steht, das zwischen absichernder Verspannung und Haltlosigkeit pendelnde Ich, verhindert auch die Fühlung mit dem Wesen und seine Bekundung in der rechten Gestalt.

Hara gehört sowohl als Vorübung wie als Bewährungsform auf den initiatischen Weg, wofern dieser nicht nur das vom Ich befreiende Erlebnis der Einswerdnung mit dem Wesen meint, sondern auch die Verwirklichung einer dem Wesen gemäßen personalen Gestalt des Menschen, die ihn zur Bezeugung des Wesens im Kampf mit der Welt befähigt.

c) Der rechte Atem

Wenn der Übende sich auf dem initiatischen Wege des Atems innewird, so bedeutet er für ihn mehr als eine Einrichtung zum Holen und Lassen von Luft. Er ist die Grundbewegung, darin der Mensch sich als Lebender erfährt, indem er sich öffnet und wieder schließt, sich hergibt und wieder zurückempfängt, aufschließt und wieder zusammenzieht, hervortritt und sich wieder zurücknimmt.

Im Raum des physischen Geschehens bedeutet der Ausatem Lösung, der Einatem Spannung. Dem trägt auch der bewußte Vollzug des Atems Rechnung, wo sich mit dem Ausatem das Gefühl des sich Lösens, Hergebens, Loslassens verbindet, mit dem Einatem das Gefühl des Wiederzurückkehrens zur rechten Spannung in Form.

Der Ausatem, nun aber der mehr aktive Ausatem, ist Träger alles Handelns. Wir sprechen, singen, stoßen, schieben, strengen uns an mit dem Ausatem, wobei der Einatem dann der Augenblick der er-holenden, d. h. neue Kraft zulassenden Entspannung ist. Die gegensätzliche Bedeutung, die der Atem im Ein und Aus hat, ist für den bewußten Vollzug des Atems in der Übung von ausschlaggebender Bedeutung.

Der rechte Atem ist unlöslich mit der rechten Gesamthaltung verbunden. So wie die rechte Haltung hängt auch der rechte Atem vom Vorhandensein des rechten Schwerpunktes ab. Sitzt dieser zu weit oben, tritt an die Stelle des ungestörten Flusses des Zwerchfellatems das nervöse Auf und Ab eines Atems, der nicht von selbst kommt, sondern unbewußt „gemacht“ ist und über Gebühr die Hilfsmuskulatur in Anspruch nimmt.

Für den in initiatischer Grundeinstellung Übenden

kann der ungestört fließende Atem zu einer eigenen Quelle tiefen Erlebens werden. Was für den unbewußt in seinem Welt-Ich dahinlebenden Menschen, dessen Atem in Ordnung ist, natürliche Grundlage seines Wohlbefindens ist, aber unbemerkt bleibt, wird für den zum Wesen hin sich vortastenden Übenden zu einem Feld besonderer Erlebnisse und Entdeckungen. Die Qualität seines Atems bezeugt ihm die Nähe oder Ferne von seiner Tiefe. Jede Störung im Rhythmus zeigt ihm ein Abweichen von der rechten Haltung an. Und in der Stille des im vollendeten Rhythmus dahinschwingenden Atems kann der Übende die Zugehörigkeit seiner rhythmischen Bewegtheit zum Odem des Großen Lebens erfahren.

Auch die Qualität des Atems verändert sich im Fortschreiten auf dem initiatischen Weg aus einer grobstofflichen zu einer feinstofflichen hin. Auch verbindet sich der Atem im Fortschritt der Übung mit Erfahrungen einer sich verwandelnden Atmosphäre, die gleich einer Aura den Atmenden mit immer feineren und lichteren Schwingungen umgibt, Schwingungen vibrierenden Lichtes. Solche Erfahrungen gehören für den im initiatischen Geiste Übenden zu den Zeichen der Annäherung an die Möglichkeit echter Wesensfühlung. Die Vorahnung dieses Erlebnisses gehört zu den Faktoren, die den im rechten Geiste Übenden steuern und ihn auf dem rechten Weg halten.

d) Die rechte Spannung

Wie die Begriffe Haltung und Atem nicht in ihrer physischen, sondern in ihrer personalen Bedeutung zu verstehen sind, so auch der Begriff der Spannung. Wie es im Physischen um die rechte Spannung in der Muskulatur geht, so geht es nun um den rechten Tonus des ganzen

Menschen als Person. Er betrifft den Leib, der man ist. Fehlende Spannung bedeutet dann, daß der Mensch *sich* haltlos gehen läßt; zu viel Spannung, daß er *sich*, z. B. aus Angst, verkrampft.

Die rechte Spannung ist immer ein Zueinander von Gespanntheit und Entspanntheit, ein Gelassensein in Form. So gipfelt die rechte Spannung, so wie der rechte Atem und die rechte Haltung, in der Verwirklichung der rechten Form, der zum Wesen hin durchlässigen Form.

Es ist heute viel von Entspannungsübungen die Rede. Wo sie nicht im Hinblick auf personales Werden und Dasein durchgeführt werden, münden sie allzuoft in eine Aufgelöstheit. Diese mag im Augenblick erfrischend sein, bringt den Menschen aber nicht weiter auf dem Weg zu sich selbst, ja, verleitet ihn im Gegenteil oft zu einer Flucht.

Der Sinn der rechten Entspannung ist die rechte Spannung, der Sinn der rechten Preisgabe einer verhärteten Form eine gelöste Form, eine geformte Gelöstheit. Dieses hat seine Bedeutung sowohl auf der natürlichen Ebene des vorinitiatischen Menschen wie auf dem Wege zur Einswerdung mit dem Wesen.

Rechte Spannung und rechte Entspanntheit sind zwei Seiten des wesensgerechten Tonus. Er gehört bereits zur natürlichen Gesundheit. Auf dem initiatischen Weg jedoch gewinnt er die Bedeutung des Trägers und Bezeugers einer im Wesen verwurzelten Freiheit im Leibe. Verspannung und Aufgelöstheit sind Ausdruck ichverhafteter oder triebverfallener Unfreiheit. Es fehlt das Regulativ der rechten Mitte. Seine Gewinnung ermöglicht und bezeugt auf dem initiatischen Weg über die Erstellung natürlichen Wohlbefindens hinaus fortschreitende Annäherung an die Einswerdung mit dem Wesen.

B. Grundübung

Die Praxis des Meditierens vollzieht sich in dreierlei Weise:

1. als Übung mehr passiven Charakters. Beispiel: Za-Zen.

2. als Übung mehr aktiven Charakters, die die Einübung und Ausübung einer bestimmten Leistung zum Fortschreiten auf dem inneren Wege nutzt.

3. Das ganze Leben, das heißt der Alltag, verstanden als Übung[10].

Erstes Kapitel

Za-Zen

Die Grundübung auf dem initiatischen Weg vollzieht sich als unbewegtes Sitzen. So ist auch das erste Bild, das einem zum Thema Meditation einfällt, nicht zufällig der unbewegt in sich versunkene Mönch. Das in sich gekehrte Sitzen in vollkommener Unbewegtheit und Stille ist die Grundübung für alles meditative Leben.

Im Hinblick auf dieses Sitzen aber stellen sich nun viele Fragen. Gibt es ein richtiges oder falsches Sitzen? Muß es auf dem Boden geschehen, oder kann es auch auf einem Stuhl seinen Sinn erfüllen? Ist die strenge aufrechte Haltung die einzig mögliche, oder ist auch „Droschkenkutscherhaltung" fruchtbar? Und ist Meditation nicht auch im Liegen möglich? Man kann wohl sagen, daß bei entsprechender Einstellung der wirklich Suchende in jeder Haltung vorankommen kann. Aber wir sind der Meinung, daß die im Zen, d. h. im Za-Zen, überlieferte Haltung die fruchtbarste ist. Die strenge Form, das Ja zur disziplinierten und zugleich in ihrem natürlichen Schwerpunkt ruhenden Gestalt ist dem westlichen Menschen auf den Leib geschrieben. Dies ist um so mehr der Fall, als ihre wesentlichen Gestalt-Forderungen sich nicht nur im „Buddha-Sitz", sondern auch auf einem Stuhl sitzend erfüllen lassen.

Das Sitzen in der Haltung des Za-Zen ist eine initiatische Übung, denn sie dient dem Einswerden mit dem Wesen. Sie muß abbauen, was diesem Einswerden im Wege steht, und fördern, was es ermöglicht. Aus der Überlieferung des Zen haben wir eine Weisung nur für die Haltung, die leibhafte Haltung und die Grundeinstellung. Darüberhinaus aber läßt sich aus der Natur des Anliegens und seinen menschlichen Voraussetzungen eine Vielfalt von in Erfahrungen gegründeten Anregungen geben, die dem Fortschritt auf dem initiatischen Wege dienen.

Die Überlieferung[11] im Zen fordert im Hinblick auf den Sitz in erster Linie die rechte Aufrechte. Wie der Zen-Meister sagt, so, als wolle man mit dem Gesäß die Erde eindrücken und mit dem Kopf den Himmel einstoßen. Es ist das Sitzen im Hara mit der ganzen Kraft im Bauch-Bekken-Raum verankert und das Fühlen des Bodens mit dem Gesäß, das im Laufe der Übung immer mehr die Sitzknochen fühlbar macht und den Eindruck vermittelt, eine immer größere Bodenfläche zu „be-sitzen". Es ist ein fortschreitend tiefer sich Einlassen in die Erde, ein Einswerden mit dem Boden und Wurzelschlagen.

Die Gefahr eines Zusammensinkens oder Weggesogenwerdens wird gebannt, wo wirklich Hara da ist. Das rechte Aufrichten hat den Schwerpunkt im Hara zur Voraussetzung, und dieser wiederum wird in der Übung gefestigt, wo es gelingt, die leichte Spannung im Unterbauch zu bewahren und das Schwergewicht gleichsam in die Leisten zu drücken, während das Gesäß sich etwas nach hinten streckt. Im Zen lautet der heitere Ausdruck hierfür: „Mit dem Anus die Sonne kontemplieren."

Das Schwierige bei der Suche, in der rechten Weise nach oben da zu sein, liegt in der Notwendigkeit, dabei jede Verspannung in den Schultern zu vermeiden. Während der Ungeübte oft mehr den Eindruck erweckt, daß sein

Leib wie an einem Kleiderhaken an den hochgezogenen Schultern hängt, ermöglicht die rechte Verwurzelung im Unterleib die gelassene Gelöstheit oben. Ganz von selbst trägt in der rechten Vertikalen ein Wirbel den anderen und die Wirbelsäule letztlich den Kopf, der bei leicht angezogenem Kinn eine Verbundenheit des Scheitelpunktes mit dem „Himmel" fühlen läßt. Im recht gelebten Verhältnis des Menschen zu Himmel und Erde bedeutet die im rechten Sitz erfahrene Erde den Wurzelraum, in welchem man einerseits sich immer tiefer in der Erde „verwurzelt", andererseits, von der Erde genährt, emporwächst. Die Aufrechte als Form der Verbindung mit dem Himmel bedeutet die Selbstentfaltung zur „Krone" des Lebens, in der die rechte Gestalt sich erfüllt und zugleich als nach oben hin offenes Gefäß den Segen des Himmels empfängt.

Verfehlt wird die Richtung nach oben, wo der Mensch sich in ihr gleichsam vom Boden erhebt und, emporgetragen, den Boden unter den Füßen verliert. Das negative Verhältnis zur Erde entsteht, wo sie den Übenden gleichsam einsaugt, auflöst und nicht mehr hochkommen läßt. Den Gefahren nach oben wie nach unten begegnet der Mensch im gefestigten Hara, der gleich einem Gefäß, das Boden hat und Wände, nach oben hin offen ist, nach unten und allen Seiten aber in einer Weise geschlossen, die ein Absacken und Auseinanderfließen unmöglich macht. In jedem Fall hängt der Segen der Vertikalen von der Mächtigkeit der im Bauch-Becken-Raum verkörperten Horizontalen ab.

Der rechte Sitz – sei es auf dem Stuhl oder auf dem Boden – verlangt, daß die Knie tiefer sind als das Becken. Für den Sitz auf dem Boden kommen drei Haltungen in Frage: 1. Der volle Lotossitz, bei dem der rechte Fuß auf dem linken Oberschenkel und der linke Fuß auf dem rechten Oberschenkel oder umgekehrt liegt; 2. der halbe Lotossitz, bei dem nur ein Fuß auf dem anderen Oberschenkel liegt, 3. der Sitz mit in gewöhnlicher Weise gekreuzten oder untergeschlagenen Beinen. Möglich ist auch der Sitz auf den Fersen mit oder ohne Kissen unter dem Gesäß.

Die Hände ruhen etwas unter dem Nabel aufeinander, die linken Finger auf den rechten, so daß die Daumenspitzen sich eben berühren und mit den Zeigefingern einen Kreis bilden.

Auch wenn es für den Anfänger zweckmäßig sein mag, zum „Einziehen aller Sinne" am Anfang der Übung die Augen zu schließen, bleiben sie während der Übung leicht geöffnet, wobei der Blick auf einen Punkt auf dem Boden in etwa anderthalb Meter Entfernung auftrifft und ruhig, ohne diesen Punkt zu fixieren, auf ihm liegenbleibt.

Wer das Za-Zen wirklich im Geiste des Zen zu üben beginnt, unterwirft sich damit strenger Disziplin, sowohl was die Haltung anbetrifft wie auch hinsichtlich der während der Übung durchzuhaltenden Konzentration und das Einhalten der Übungszeiten.

In der Übung des Za-Zen sucht der Übende sich frei zu machen von dem, was sein natürliches Bewußtsein besetzt hält. Er sucht die Leere.

Die Forderung, leer zu werden, hat vielfach Kontroversen hervorgerufen. Die in der Meditation gesuchte Leere schien buddhistisch zu sein im Gegensatz zu der gegenständlichen Meditation eines heiligen Bildes oder Wortes, wie sie in der christlichen Tradition allein üblich war. Dieser Auseinandersetzung liegen viele Mißverständnisse zugrunde. Das „Nichts"[12] des Buddhisten bedeutet zugleich die durch die Abwesenheit von allem, das ein „Etwas" ist, zugelassene Fülle des Seins. Das Viele muß eingehen, damit die Fülle aufgehen kann. Die hier gemeinte Leere ist also mehr als nur die Abwesenheit des Vielen. Sie ist geladen mit einer Qualität, in der sich jenes Geheime bekundet, um dessen Eröffnung es auf dem initiatischen Wege geht. Das Leerwerden hat aber für den meditierenden Christen eine andere, doch nicht weniger große Bedeutung wie für den Buddhisten. Die Buddhisten suchen über dem Leerwerden das Aufgehen im überweltlichen all-einen Sein.

Auch für Christen ist das Leerwerden Voraussetzung für die rechte „christliche" Wahrnehmung des Daseins. Dem Christen, dem es darauf ankommt, das Wort, das in allen Dingen ist und ohne das nichts ist, herauszuheben aus dem Raum abstrakter Bedeutsamkeiten, muß daran gelegen sein, sein Bewußtsein von allem zu reinigen, das einem Spüren der essentia rerum im Wege steht. Es geht um die Öffnung des Wesensauges und des Wesensohres, daß aus dem Blinden ein Sehender und aus dem Tauben ein Hörender werde. Das Wort „Einander in Christo begegnen" bleibt eine leere Forderung oder wird seiner Tiefe beraubt, wo die Voraussetzungen übersehen werden: daß man einander in der Welt in Christo nur begegnen kann, wenn das Christus-Auge aufgegangen ist. Die Voraussetzung hierfür jedoch ist das Freiwerden von allen Vorstellungen und Bildern, insbesondere göttlicher Figuren, also jene Leere, die als Abwesenheit des Vielen das Sensorium für die Fülle des Seins und das Prinzip aller wesensgemäßen Erkenntnis und Gestaltwerdung freigibt. Das Leerwerden von allem, das Ledigsein aller Dinge, ist die Vorbedingung dafür, daß Menschen einander im Geist und in der Wahrheit des Seins, d. h. auch im Wesen, begegnen können. Dann begegnet sich gleichsam das Wesen aller Dinge selbst, das im gegenständlichen Bewußtsein zerstückt ist. Das Getrenntsein im raumzeitlichen Dasein wird aufgehoben im Augenblick einer Begegnung im Wesen.

All dies sind Aussagen, die auf konkrete Erfahrungsmöglichkeiten hinweisen, die zu verwirklichen die Aufgabe des initiatischen Weges ist, so insbesondere der initiatisch verstandenen Meditation.

Im Buddhismus zielt diese Meditation, das Za-Zen, auf die Große Erfahrung, Satori genannt. Das ist der Zustand des zum Sein hin aufgebrochenen, ins Sein heimgekehrten und zum Leben aus dem Sein befreiten Menschen. Satori meint aber eine Erfahrung, die kein Privileg des Buddhisten ist. Doch für den Christen schließt sie den Impuls zur Personwerdung ein. Das ist die seine Verwandlung meinende Erfahrung des unserem Wesen innewohnenden überweltlichen Seins. Die Bedingungen für die Möglichkeit solcher Erfahrungen zu schaffen, ist der Sinn des initiatischen Meditierens.

So wie die Buddhanatur kein Privileg des Buddhisten, Atman kein Privileg des Hinduisten, der uns innewohnende Christus kein Privileg des Christen ist, so auch ist die Seinserfahrung und der Weg zu ihr Grundlage *jeder* lebendigen Religiosität. Im Za-Zen geschieht nichts, was christlicher Religiosität widerspricht, wohl aber solches, das zu aller auf Erfahrung gegründeten Religiosität gehört. Wo freilich Erfahrung als Lebensgrundlage der Religion in Frage gestellt wird, mag Za-Zen »sehr gefährlich« scheinen.

Die wenigen Dinge, die der Zen-Meister seinen Schülern zur Praxis der Zen-Übung sagt, lassen sich aus der Erfahrung im Hinblick auf das Anliegen der initiatischen Meditation in vielerlei Hinsicht ergänzen. Die wesentlichste Ergänzung betrifft die bewußte Begleitung des Atems als der unserem Leib eingeborenen Grundformel der Verwandlung. Im Unterschied zur östlichen Tradition, wo der Schüler einfach tut, was der Meister sagt und vormacht, ohne viel zu fragen, warum und wozu, verlangt der westliche Mensch nach einer differenzierten Bewußtwerdung. Er verlangt auch nach differenzierter Anleitung für die rechte Durchführung der Übung. Dabei kann es sich nicht um die Anwendung irgendwelcher Theorien handeln, sondern nur um ein Bewußtmachen und verantwortliches Vollziehen dessen, was in der Verwandlungsübung faktisch geschieht, wo sie dem großen Ziel entspricht.

In diesem Sinn entwickeln wir im folgenden eine differenzierte Anweisung zum Vollzug der im Stil des Za-Zen durchgeführten Grundübung. Die Grundformel aller Verwandlung ist vorgegeben in der Ablaufform des unbehinderten natürlichen Atems.

Zweites Kapitel

Die Formel der Verwandlung

Im Hinblick auf das Leben des vorinitiatischen Menschen lassen sich drei Ebenen unterscheiden. Auf der ersten geht es um materielle Sicherheit und Lebensgenuß. Auf der zweiten Ebene ist der Mensch fähig, sachlich zu dienen und selbstlos zu lieben. Er ist am objektiven Geist orientiert und fügt sich mit dem, was er kann, hat und weiß, in die Ordnung der für ihn verbindlichen Werte ein. Die dritte Ebene ist bestimmt durch den Bezug des Menschen zu einer überweltlichen Macht, sei diese ihm in der Form eines Glaubens, eines Aberglaubens oder nur in einer ganz persönlichen Weise gegenwärtig.

In dem Augenblick, in dem der Mensch zum initiatischen Suchen und Leben erwacht, gewinnen alle drei Ebenen eine neue Bedeutung und einen neuen Stellenwert. Der für die Wandlung der drei Ebenen wirksame Faktor ist gegeben durch die das ganze Leben verwandelnde Entdeckung der immanenten Transzendenz. Sie gibt sowohl der stofflichen, wie der geistigen und geistlichen Ebene eine neue Grundlage und einen neuen Sinn. Was diese Wandlung im einzelnen bedeutet, läßt sich an dem erfahren und aufzeigen, was der Übende im rechten Vollzug des Aus- uns Einatems erfahren kann.

1. Die Grundformel

Der Sinn aller initiatischen Praxis ist das Einswerden mit dem Wesen. Das bedeutet zweierlei: das Wesen, die immanente Transzendenz, zu *erfahren,* zum anderen, dem Wesen gemäß zu *werden.* Beides setzt die Durchlässigkeit, die Transparenz für die uns immanente Transzendenz, voraus. Der Weg zu dieser Durchlässigkeit ist ein Prozeß der Verwandlung, und zwar einer Verwandlung des ganzen Menschen. Meditative Übung ist daher eine Verwandlungsübung. Die Forderung, zu diesem Ziel das auszuschalten, was der Transparenz im Wege steht, und zu fördern, was sie ermöglicht, legt im einzelnen zahlreiche Sonderübungen nahe. Die Grundübung, die sich aus der Forderung ableiten läßt, ergibt sich aus dem Rhythmus des Atems und der seinen einzelnen Phasen innewohnenden Bedeutung.

Aufgegeben ist die Verwandlung des Menschen von einem, der dem Wesen verstellt ist, zu einem, der für die Erfahrung dieses Wesens und das Selbstwerden aus dem Wesen geöffnet ist. Was der Atem als ungestörte Verwandlungsbewegung sein kann, ist dem Menschen in der Regel sowohl verborgen wie auch verstellt. Er weiß nichts davon und kann es nicht leben.

Das bewußte Wahrnehmen der dem rechten Atem innewohnenden Verwandlungsformel bedeutet nicht mehr und nicht weniger als den bewußten Vollzug der der gesamten Schöpfung innewohnenden Grundformel des Lebens. Es ist die Formel des großen „Stirb und Werde", die alles Lebendige bewegt und beseelt, in der es aufgeht und wieder eingeht, in der es wird und entwird und dem Ungewordenen Raum gibt, um zu werden. Diese Grundformel, die alles Lebendige bewegt, ist auch das Grundgesetz alles initiatischen Lebens. Sie enthält die immer neue Preisgabe der Vorherrschaft des Welt-Ichs und seiner Wirklichkeitssicht zugunsten der Präsenz aus dem Wesen und des aus ihr möglichen und geforderten neuen Lebens. Das Aufgehen des übernatürlichen Wesens setzt das Eingehen des natürlichen Ichs, die Herrschaft des Wesens das Aufgeben der Vorherrschaft des Welt-Ichs voraus. Eben diese Verwandlungsbewegung läßt sich am bewußten Vollzug der Grundformel des Atems üben und vorbereiten. Auch die dem Aufgehen des Wesens mögliche und geforderte Gewinnung der neuen Form kann im transparent gewordenen Atem erfahren werden. Die Übung an der Grundformel des Atems kann sowohl zur Erfahrung des Wesens als zur Entwicklung der zu ihm hin aufgeschlossenen neuen Ich-Struktur dienen.

Die Voraussetzung des rechten Werdens, das Entwerden, betrifft die dem Werden Widerstand leistenden, feststehenden Formen unseres von der Sicht des Welt-Ichs beherrschten raumzeitlichen Daseins. So geht es zu Beginn und immer wieder um das Eingehen, das Entwerden, das Sterben des auf der vorinitiatischen Stufe seiner Entwicklung sich ver-haltenden und vielseitig festhaltenden Menschen. Der Sinn dieses Entwerdens ist das Neuwerden zu der in ihrem ursprünglichen Sein angelegten, mit dem überweltlichen Sein einsgewordenen und zur Freiheit aus dem Wesen entbundenen Person, die sich ihres überweltlichen Kerns bewußt geworden ist.

Die einzelnen Schritte der hier erforderlichen Verwandlungsbewegung lassen sich aus der Bedeutung der einzelnen Phasen des rechten Atems ablesen.

Der rechte Atem meint einen natürlichen Fluß und Rhythmus von Ausatem und Einatem. Beim gesunden Atem liegt im Zeitmaß der Akzent auf dem Ausatem, also auf dem Hergeben, aus dessen Vollendung der rechte Einatem von selbst hervorgeht. Auf die Zeitmaße bezogen wird für den Einatem nur ein Viertel der Zeit benötigt, etwa zwei Viertel für den Ausatem und ein Viertel für die Pause zwischen Aus und Ein. Dem Rhythmus des Atems entspricht das Schema: ,,Aus – aus – Pause – ein". Die vier Zeiten des natürlichen Atems, dieses ,,Aus – aus – Pause – ein", enthalten die ganze Fülle jener für den Sinn der Übung, für die Verwandlung, bedeutsamen Bezüge, die der Übende im Laufe der Zeit sich bewußt machen und in immer vollkommenerer Weise auszuführen lernen muß.

Die Grundformel, mit der sich das ,,Aus – aus – Pause – ein" mit Sinn erfüllt, betrifft den Menschen als Leib, Seele und Geist. Sie läßt sich sprachlich in drei Formeln fassen:

Sich loslassen
Sich niederlassen
Sich einswerdenlassen
Sich neu kommenlassen

Sich hergeben
Sich hingeben
Sich aufgeben
Sich neu wiederfinden

Weg von mir
Hin zu Dir
Ganz in Dir
Neu aus Dir

Mit dieser Formel im Sinn kann man das Meditieren im Stile des Za-Zen in einer Weise beleben und beseelen, die dem Geist des westlichen Menschen entspricht. Denn was der östliche Meister seinem Schüler ohne Kommentar jahraus, jahrein zu tun aufgibt: einfach in der rechten Haltung zu sitzen, das sucht der Mensch des Westens auch mit seinem erkennenden Bewußtsein zu begleiten und zu durchlichten. Dabei handelt es sich nicht um die Anwendung einer bloßen Theorie des Atems, sondern um den bewußten Vollzug dessen, was im rechten Atem faktisch geschieht oder geschehen kann. Wo diese Formel, die selbst nicht aus dem Zen stammt, in der differenzierten Bedeutung ihrer Phasen bewußt wird, liefert sie einen Schlüssel zur Erkenntnis wie zur Verwirklichung der allen Phasen des menschlichen Lebens innewohnenden Möglichkeiten und Verfehlungen seines Wegseins. In diesem Geiste muß der zum Initiatischen Erwachte versuchen, die dem Atem innewohnende Vielseitigkeit der Bedeutungen zu durchschauen, zu erkennen und zu üben.

Die rechte Erkenntnis und der rechte Vollzug der Bewegung müssen auf den drei Ebenen menschlichen Daseins: Leib, Seele und Geist geschehen. Sich von allem zu befreien, was der Großen Durchlässigkeit im Wege steht, und zu fördern, was sie ermöglicht, muß auf allen drei Ebenen vollzogen werden. Was hier über den rechten Vollzug der Atemformel und die in ihr enthaltene Möglichkeit der Wesensentdeckung gesagt wird, ist als Zusammenfassung dessen zu verstehen, was im Verlauf eines ganzen Lebens in nie nachlassender Übung immer wieder erfahren und letztlich gewonnen werden kann. Symbolisch gesehen birgt ein Atemzug alle Möglichkeiten des Großen Weges. Darin liegt die Rechtfertigung, das, was in Wahrheit nur in langer Zeit Schritt um Schritt erfahren werden kann, in der Beschreibung des in der Atemformel im Prinzip Enthaltenen so darzustellen, als sei es in einem einzigen Durchgang zu erfahren möglich.

2. Die Grundformel zur Verwandlung im Leibe

Abbauen, was der Großen Durchlässigkeit im Wege steht, und fördern, was sie ermöglicht, bedeutet initiatisch betrachtet im Hinblick auf den Menschen als atmenden Leib folgendes:

Der Einswerdung mit dem Wesen im Wege stehen uns eingefleischte Fehlhaltungen. Die Grundform dieser Fehlhaltungen erscheint stets im Leibe als Verspanntheit und Aufgelöstheit im Wechsel. Aufgelöstheit meint vor allem das Fehlen der rechten Horizontalen, dem zufolge auch die Vertikale keinen Halt hat. Aufgelöstheit ist Ausdruck für das Fehlen des zentrierenden und Halt gebenden Schwerpunktes im Bauch-Becken-Raum.

Die Verspanntheit ist eine Verspanntheit des ganzen Leibes. Sie ist bemerkbar vor allem als Verspanntheit „oben", in der Schulterpartie. Sie weist auf einen Schwerpunkt, der nicht in der Mitte des Leibes liegt und daher auch die Hin-Gelassenheit zur Mitte ausschließt. Der falsche Schwerpunkt erscheint in den hochgezogenen Schultern und in einer Verkrampfung in der Höhe des Herzraumes. Die hochgezogenen Schultern! In ihnen vor allem hält der Ungeübte sich fest. Es gibt aber unterschiedliche Grade dieses sich Festhaltens von einer leichten, doch nicht weniger ernst zu nehmenden Verspanntheit bis hin zu einer totalen Verkrampfung, die in den Oberarmen, den Schultern, dem Nacken, den aufeinandergebissenen Zähnen bis zur gerunzelten Stirn gespürt werden kann und meist mit einer eingezogenen Taille und einem verspannten Gesäß zusammengeht. Der Übende muß sich dessen bewußt werden, daß diese physische, oft schmerzende und auch von außen sichtbare Verspannung ihn selbst ausdrückt. Nicht ein von ihm unabhängiger Körper ist verspannt, sondern er selbst als der Leib, der er ist. Darum geht es in der ersten Phase des Ausatems auch nicht nur darum, die Schultern loszulassen, sondern sich in den Schultern, ja, nicht nur in den Schultern, sondern auch im Kopf, im Gesicht, im Nacken, in den Oberarmen, in der Brust, ja, im ganzen Leibe loszulassen.

Das *sich* oben Loslassen ist dem Übenden aber nur möglich, wenn er sich woanders *nieder*lassen kann. Dieses sich Niederlassen ist ein sich Niederlassen im Bauch-Becken-Raum. Hier bemerkt der Übende bald, daß ihm dies nur in dem Maße gelingt, als er die Verspannung im ganzen Rumpf aufgeben kann, ohne sich dabei aufzulösen, und die Fesseln zu lösen weiß, die um seine Taille liegen, und die ebenso seinen Magen wie insbesondere seinen Unterbauch, also den ganzen Rumpf verhindern, in dem ihm zukommenden Umfang und Gewicht da zu sein, d. h. dem rechten Schwerpunkt Raum zu geben. Nur also, wenn das Loslassen auch den Bauch zu seinem natürlichen Volumen befreit, ist das sich Niederlassen in den Hüften, im Bauch-Becken-Raum, möglich. Wo es gelingt, wird es als eine leibliche Befreiung vom Krampf erlebt und bei Fortsetzung der Übung häufig damit zugleich als Befreiung von Schmerzen in Kopf, Nacken, Schultern, Magen, Brustraum, wie auch von Schmerzen in der Wirbelsäule.

In der dritten Phase des Ausatems, in dem Zeitraum zwischen Aus- und Einatem, vollendet sich in der recht vollzogenen Übung die Befreiung vom Haltekrampf oben im Finden des rechten Haltes unten. Im bewußten Hinspüren und sich Hineinlassen durch den Bauch-Becken-Raum hindurch zum Beckenboden, zum Gesäß, zum Fühlen der Sitzknochen und damit der Erde, erfährt der Übende die rechte Verwurzelung seiner selbst als Leib in der Erde. Er findet seine Erdmitte, seinen wesensgemäßen, leibhaftigen Schwerpunkt. Er erfährt das sich Erdenkönnen als ein Wurzelschlagen, als in wahrem Sinn Bodengewinnen, als ein befreiendes Ankommen im Wurzelraum seines natürlichen Menschseins, damit aber auch im Raum einer nie versiegenden Quelle seines leiblichen Lebens und immer wieder Neuwerdens aus dem Grund. Der Mensch entdeckt damit auch die Wurzelkraft seiner Gesundheit. Es gibt keine Krankheit und keine körperliche Behinderung, deren Genesung nicht gefördert würde durch einen „gekonnten", gesicherten und immer lebendigen Hara. Viele sogenannte Wunderheilungen vollziehen sich in dem Augenblick, wo der Mensch aus seinem Krampf heraus sich vertrauensvoll in die rechte Form seines Leibes zu geben vermag.

Alle rechte Befreiung aber ist nicht nur Befreiung von etwas, sondern Befreiung zu etwas. In jeder Übung, die Entspannung bringt, droht die Gefahr der Auflösung. Sie wird nur dort vermieden, wo das Ergebnis der Preisgabe einer falschen, verspannten Form nicht die Auflösung zu einer Formlosigkeit ist, sondern wo der Sinn der Lösung in der in Wohlspannung gehaltenen rechten Form gesehen und erfüllt wird. Diese rechte Form entsteht technisch von selbst, wo der Hara gefestigt ist. Ganz von selbst verhindert er die Auflösung, und ganz von selbst wächst aus ihm, wo die Verspannung weicht, die rechte Form.

Der Sinn des vierten Schrittes ist für den Leib, der man ist, die Erfahrung des Neuwerdens im Leibe. Dies ist erst dank eines totalen Gelassenhabens der leiblichen Fehlformen möglich, die den Menschen in der Verspannung statisch fixieren. Je mehr die Bewegung des sich Loslassens, sich Niederlassens, sich Einswerdenlassens gelingt – und sie vertieft sich im rechten Üben ganz von selbst immer mehr in der Wiederholung –, desto mehr wird der Einatem immer wieder als eine leibhaftig befreiende Bewegung zum rechten Dasein im Leibe erfahren. Dann wird dank der Befreiung „wovon" die Befreiung „wozu" gespürt: In der dem Leibe ursprünglich zugedachten, nunmehr befreiten Gestalt.

Alles, was in den einzelnen Schritten beschrieben werden kann, wird nur dann wirklich erfahren, wo die Übung über einen längeren Zeitraum durchgeführt wird, so auch dieses sich Spüren im befreiten Leib. Hier wird deutlich, in welchem Ausmaß dieses sich frei Fühlen im Leibe abhängt vom Zulassen der natürlichen Verbundenheit mit dem Wurzelraum der Erde. Wenn die Übung gelingt, so fühlt sich der Übende, wenn er nach der Übung aufsteht, in neuer Weise „da", weil er richtig geerdet, d. h. auch zur rechten „Aufrechten" befreit ist. Allein durch sein Befreitsein von den seine rechte Leibgestalt verhindernden Faktoren ist er als ganzer Mensch ein Stück mehr er selbst. Auch wenn es ihm nicht voll bewußt wird, hat sich ein Tor zu seinem Wesen hin geöffnet.

Die vier Schritte werden auch, wo sie bewußt vollzogen sind, in fortschreitendem Maße zur Quelle von Erkenntnissen über die Vielzahl und das Ausmaß eingefleischter Fehlhaltungen. Schon ihr Bemerktwerden hilft mit dem Fortschreiten in der Übungspraxis zur Ermöglichung und Befreiung der rechten Form. Schließlich kann der Übende sich selbst als der Leib, der er ist, in einer immer gelöster funktionierenden Schwingungsformel spüren. Wo seine Wachsamkeit die rechte Vertikale nicht aus den Augen verliert und er diese insbesondere als lebendiges Emporwachsen bei jedem Einatem neu verspürt, kann er das ganze Geschehen als eine neue Quelle echter Lebenslust empfinden. Nur aber ein in Permanenz und wie selbstverständlich vollzogenes „Stirb und Werde" – sich Hergeben und sich in neuer Gestalt Wiederfinden – verleiht dem neuen Lebensgefühl Dauer.

Der Fortschritt im Vollzug der Verwandlungsbewegung im Leibe hat keine Grenzen. Dabei muß der Übende sich immer mehr seiner selbst als zu sich selbst kommender Leib erfahren lernen. Wenn er im Anfang der Übung auch nur an den Leib denkt, so repräsentiert dieser doch als Leib, der man ist, immer zugleich auch Seele und Geist – in der Sprache des Leibes. Dieses betrifft in besonderem Maße auch den Fortschritt in der Kunst des in sich Hineinspürens. Diese Kunst ist heute vor allem durch die von Gerda Alexander, Kopenhagen, gelehrte Eutonie zu entwickeln. Eutonische Übungen sind daher Übungen, die dem Za-Zen zugute kommen und als Vorübungen zu empfehlen sind. Jedenfalls muß und wird der in seiner Übung Fortschreitende immer feinspüriger werden für alle Verspannungen und Unbelebtheiten seines Leibes. Er wird lernen, nicht nur die immer zu Verspannung neigenden Stellen des Leibes zu finden und zu lassen, sondern auch solche zu bemerken, die erst ein differenzierteres Spüren zu entdecken vermag. Und er wird weiterhin lernen, ihre tiefenpsychologische Bedeutung als eingefleischte Verdrängungen zu erkennen, die im Unbewußten ihr Unwesen treiben.

Der Leib hat nicht nur ein physisches Gedächtnis, das Krankheiten der Vergangenheit verzeichnet, sondern auch ein psychisches Gedächtnis. Was immer dem Menschen an seelischen Leiden widerfuhr und natürlicherweise auch seinen Leib affizierte, ist im Relief seiner Spannungen verzeichnet. Hier sollte dann eine tiefenpsychologisch fundierte personale Leibtherapie, die sich wesentlich von der üblichen Körpermassage unterscheidet, die Praxis der Meditation begleiten. Der Physiotherapeut entdeckt heute hier Möglichkeiten, verdrängte Potentiale über die Lösung der sie im Leibe bewahrenden Verspannung anzugehen.

Initiatische Bedeutung wird die fortschreitende Selbsterkenntnis und Selbstdurchlichtung des Leibes nur in dem Maße gewinnen, als der Übende seine Selbstwahrnehmung im Dienst der transzendentalen Durchlässigkeit übt. Das Mißverständnis liegt nahe, daß der im natürlichen Sinn wohlentspannte Mensch schon ganz selbstverständlich auch zum Wesen hin durchlässig sei. Die Große Durchlässigkeit setzt aber voraus, daß der Mensch zur initiatischen Grundeinstellung durchgestoßen ist, die auf allen Wegen die immanente Transzendenz meint. Sie ist nicht schon mit der natürlichen Gelöstheit des Leibes gegeben. Hier öffnet sich jedoch heute, wo immer Entspannung gelehrt wird, ein neuer Horizont. Die Voraussetzung aber ist, daß mehr und mehr Entspannung Lehrende zu ihrem eigenen Wesen erwachen.

3. Die Grundformel zur Verwandlung der Person

Abbauen, was der Großen Durchlässigkeit im Wege steht, fördern, was sie ermöglicht: was bedeutet das in personaler Hinsicht? Was bedeutet die Grundformel: „Loslassen – niederlassen – einswerdenlassen – neukommenlassen" für den Übenden im Hinblick auf seine seelische Situation in der Welt? Was ist die personale Bedeutung der Verhaltenheit, Verspannung und Verkrampfung, in denen der Übende sich zu Beginn der Übung findet und die loszulassen ist?

Als Welt-Ich befindet sich der Mensch ganz natürlicherweise um Sicherheit bemüht und lebt daher in einem ganzen System von Sicherungen. Dieses System wird immer wieder belebt von seiner Angst, seinem Mangel an Vertrauen und von seiner Sorge. So lebt jeder in der Sorge um seine Gesichertheit in der Welt und sucht sich mit seinem Haben, Wissen und Können allseitig in der Welt zu „versichern". Jeder Mensch lebt zudem in einem System moralischer Ordnungen, deren Respektierung ihm seinen Stand in der Gesellschaft, die selbstverständliche Schätzung und Anerkennung verbürgt. Er ist um die Zuwendung, das Geliebtwerden, die Zugehörigkeit, das Verständnis der anderen bemüht, ob er es weiß oder nicht. Und er ist verunsichert, wo dies in Frage gestellt ist. Auch die Frage, wie weit man selbst den Erwartungen der anderen entspricht, spielt eine beunruhigende Rolle. Wie die Sicherheit im Materiellen gefährdet ist und der Mensch immer mit einem gewissen Mißtrauen gegenüber der unbekannten Zukunft und möglichen Einbrüchen erfüllt ist, so hat auch die Sorge um die Haltbarkeit der mitmenschlichen Beziehungen bei den meisten Menschen eine ständige Mißtrauensspannung zur Folge.

Endlich findet der Mensch sich im Religiösen sicher oder verunsichert in seinem Glauben. Sein Glaube an Gott ist einer harten Probe ausgesetzt, wo immer das Geschehen in der Welt oder sein persönliches Schicksal seiner eigenen Vorstellung vom allmächtigen, guten und gerechten Gott widerspricht. Er lernt, daß er sich unter allen Umständen auf Gott verlassen kann, wird aber durch das, was um ihn herum geschieht, in diesem Glauben enttäuscht.

Die Spannung aus der Sorge um gefährdete Sicherheit, das Ungenügen in moralischer Hinsicht, der Zweifel am Bestand mitmenschlicher Beziehungen und die Verunsicherung im Glauben – das sind Quellen der seelischen, den ganzen Menschen deformierenden Verspannungen, die nur behoben werden können, wenn ihre Wurzel: der Mangel an Vertrauen, beseitigt wird. Es ist das ganze Netz der den Menschen nicht nur als Leib, sondern in seiner personalen Existenz beruhigenden Sicherungen und die Sorge um ihren Bestand, das zu einer mehr oder weniger ununterbrochenen Spannung, Gespanntheit, Verspanntheit des ganzen Menschen führt. Hier bekundet sich ein mangelndes Grundvertrauen gegenüber dem, was von außen auf einen zukommt oder einem von innen her widerfahren kann und das gesicherte Dasein in Frage stellt. All dieses aber ist der Ausdruck einer Gesamteinstellung dem Leben gegenüber, der das Verwurzeltsein im Wesen fehlt; einer Einstellung also, die nur durch ein Durchlässigwerden für das Wesen aufgehoben werden kann. Wer seine eigentliche Heimat im überweltlichen Reich des Wesens zu finden beginnt, für den hört das Sorgen um die Positionen seines Welt-Ichs auf, die maßgebende Rolle zu spielen. Die Sorge um das raumzeitliche Dasein hält sich dann in den Grenzen, in denen die Verbundenheit mit dem Wesen nicht verstellt ist. Der Abbau der Spannungen, der von der initiatischen Einstellung des Übenden gefordert ist, ist nur durch einen „Anbau" im Erfahrungsfeld des Wesens möglich. Er führt also über alle Entspannungsübungen, die dem heutigen Menschen angeboten werden, hinaus.

Die erste Phase in der Grundformel, das Lassen, meint und fordert das Loslassen des ganzen Sicherungssystems. Das Niederlassen bedeutet den Übergang aus einer Haltung des Mißtrauens gegen sich selbst, die Welt und Gott, die leiblich in den gespannten Schultern zum Ausdruck kommt, zu einer Haltung des Vertrauens, die leiblich einhergeht mit dem sich Niederlassenkönnen im Bauch-Bekken-Raum. Personal gesehen bedeutet das das Hinfinden zu einem Grundvertrauen, das keine rationale Legitimation in Gestalt erkennbarer oder geglaubter Sicherungen braucht. Dieses Vertrauen kann nur wachsen in dem Maße, als der Mensch es immer wieder wagt, die Sicherungen preiszugeben, es wagt, den Sprung zu tun ins Unbekannte, wie einen Sprung ins tiefe Wasser. Es ist das Vertrauen, für das man keine Beweise hat, einfach das Vertrauen, daß ein Unbekanntes einen überleben läßt.

In religiöser Hinsicht bedeutet das das Erfahren eines echten Glaubens, der definiert werden kann als: *Sprung in Unbekannt, ohne Rest, voller Vertrauen.* Es ist, als bewähre sich hier schon eine Ahnung von einem Leben, das jenseits ist von Leben und Tod und so das Sterben in Freiheit möglich macht. Eben das Erleben dieses Gefühles ist eine Erfahrung, die im Za-Zen immer wieder gemacht wird, wo die Fähigkeit zum nach innen Spüren sich fortschreitend verfeinert. Da *wird* etwas verspürt, das dieses Vertrauen rechtfertigt. Ohne diesen Sprung zu wagen und innerlich immer wieder zu vollziehen, erfüllt der zweite Schritt der Atemformel nicht seinen personalen Sinn. Der Übende darf sich nicht scheuen, im Laufe der Zeit, das heißt über die Wochen, Monate, Jahre seines Übens, ja, an jedem Tag von neuem, andere Absicherungen zu entdekken, in denen er sich im Lebensraum seines Welt-Ichs beruhigt hatte und damit die Quellen seines Grundvertrauens verstopfte. Er muß lernen, immer wieder andere Sicherungen aufs Korn zu nehmen und bewußt preiszugeben und so das Rad der Verwandlung, das sich während der Meditation mit der Grundformel dreht, in Umschwung zu halten. Nur so kann die Bewegung zum Instrument einer Neuverankerung werden, die jenseits ist aller rationalen oder moralischen Sicherungen oder eines Glaubens, der seine menschlichen Vorstellungen von Sicherungen bestehen läßt.

Im dritten Schritt, dem Einswerdenlassen, kann in unbegrenzter Vertiefung weitergeführt werden, was bereits der zweite Schritt bringt. Hier besteht die Aufgabe, sich ganz und ohne Rest einzulassen in den unfaßbaren Grund. Seine Tragkraft ist nicht, wie die Sicherungen des Welt-Ichs, erklärbar. Unbegründetes Urvertrauen ist auch durch keinen Zweifel mehr zu erschüttern und bedarf auch der Rückversicherung nicht mehr. Jede Spekulation auf ein vielleicht doch freundliches Schicksal oder auf das Genügen dessen, was man selber zur Meisterung des Lebens kann, hat und weiß, oder der Glaube an einen gütigen und gerechten Gott, der gleichsam von außen zu Hilfe kommt, der aber allzuoft sehr enttäuscht, kann dann verschwinden. Hier wird deutlich, daß ein Glaube, der von Zweifel berührt werden kann, nie echter Glaube war. In englischer Sprache: er war nur „belief" und nicht „faith"; in französischer Sprache: wo Zweifel hochkommen, ist „la foi" zur „croyance" geworden, auf Argumenten und Beweisen gegründet, also auf Sand gebaut. Nun aber verliert der Mensch den Gott des „belief" und der „croyance". Aber genau in dem Augenblick, in dem dieser Gott ihn verläßt, kann der Mensch kraft der Erfahrung des ihm immanenten Geheimnisses wahrhaft gläubig werden. Dieser Glaube ist durch nichts mehr zu erschüttern, denn er bricht gerade in dem Augenblick hervor, in dem der Gott, an den man glaubte, verschwand. Der vorinitiatische Mensch konnte und mußte an ihn glauben, weil seine Erlebnis- und religiöse Fassungskraft den Horizont seiner Wirklichkeitssicht noch nicht zur Transzendenz hin durchstieß.

Die heute noch vorherrschende Form der Glaubenslehre entspricht in jedem von uns noch dem vorrationalen Menschen. In dem vom rationalen Bewußtsein Beherrschten jedoch ist sie eine Form der Darstellung des Geheimnisses, die früher oder später zur Quelle des Zweifels werden muß. Immer noch steht sie mit ihrer autoritären Kraft einer langen Tradition theologisch festliegender Formeln der initiatischen Erfahrung des Geheimnisses und also der Erneuerung des Glaubens aus der Erfahrung heraus im Wege. Dieses um so mehr, als sie den zum Ernstnehmen Bereiten oft mit der Angst vor den Folgen beschwert, die das sich Freimachen von den überlieferten Formen und Formeln haben könnte. Diese selbst haben jedoch in einem Prozeß der Rationalisierung ihren ursprünglichen Klang und Sinn mehr und mehr verhüllt. Die Wandlung zum Initiatischen erschließt aufs neue ihren in ihnen aufgehobenen überweltlichen Sinn. Damit könnte die heute so viele beunruhigende Diskrepanz zwischen authentischer Erfahrung und theologischem Wort, weil dieses ursprünglich ja auch in offenbarender Erfahrung gründet, überwunden werden.

Die im dritten Schritt sich schon anbahnende Verankerung im überweltlichen Grund unseres Daseins tritt im vierten Schritt noch deutlicher ins Innesein. Das mit dem dritten Schritt entstandene Grundvertrauen mündet im vierten Schritt im Erlebnis einer Freiheit, die nicht mehr von der Zuverlässigkeit erkennbarer Sicherungen abhängig ist. Wo immer der Mensch als Welt-Ich doch auch noch ein Gefangener vielfältiger Sicherungen ist, erfährt er sich gerade als der Gefangene frei und erfährt darin erst das, was wirkliche Freiheit ist. So wie der Glaube, der vom Zweifel angerührt werden kann, kein echter Glaube ist, so ist auch die Freiheit, die eine Abwesenheit weltlichen Zwanges voraussetzt, keine echte Freiheit. Gerade erst *in* der Gefangenschaft der Welt kann der Mensch seine Freiheit, die aus der Bindung an das Überweltliche kommt, beweisen. Eben dieses kann hier erfahren werden. So trägt der Einatem den Übenden mit der Welle des neuen Vertrauens in das Licht einer neuen Lebensgestalt empor, in der er sich als ein Neugewordener in aller Gefährdetheit von unbegreiflichen Kräften getragen, in Form gehalten und geborgen erfährt.

Erst wo die Verwandlungsübung im Lichte initiatischer Sicht vollzogen wird, erfüllen die vier Schritte ihren tiefsten Sinn. Schon das erste Loslassen im Leibe mag dann begleitet sein von der erschreckenden Einsicht, wie unendlich verstockt und weit vom Kern unserer möglichen Existenz man lebt, solange man nur in einem System von Welt-Sicherungen seine Ruhe sucht und sich auf die Erkenntnisse eines gegenständlichen Bewußtseins verläßt. Eben das unerschrockene Hinschauen auf diesen Grad von Abgewandtheit vom Wesen, von Verlorenheit in einem Abweg, von Flachheit im Hinblick auf die uns rufende Tiefe begleitet dann die erste Phase, das Loslassen.

Im Fortschreiten zur zweiten und dritten Phase der Grundformel mündet das Geschehen, wo es im Zeichen des Initiatischen steht, immer mehr in einer begrifflich nicht faßbaren Dimension, die aber immer tiefere Urgründe unserer Existenz sowohl in eine wachsende Klarheit als in einen Wirbel unbekannter Verwandlungen reißt. Das aus der Wesenserfahrung aufbrechende Licht und die ihm zu dankende wachsende Klarheit des vom Sein erfüllten Inneseins macht eine Wirklichkeit sichtbar, die im Lichte nur rationalen Erkennens verborgen bleibt.

Was in der zweiten Phase in personaler Einstellung die Bewährung und Erfahrung eines am Ende grundlosen Vertrauens war, erfüllt sich hier mit der Vorahnung einer totalen Wende. Die Radikalität, mit der der Mensch hier gedrängt wird, wirklich alles fallen zu lassen, was ihn bisher trug, wird ihn – auch dort, wo er bereits an die Grenze eines grundlosen Vertrauens gelangte – in neue Angst, aber doch auch verbunden mit der Ahnung eines ihn tragenden, aber noch unbekannten Grundes werfen.

Je mehr die initiatische Bereitschaft den Menschen ergreift, um so mehr wird der dritte Schritt der Atemformel zur Erfahrung des mystischen Todes. Es ist das wirklich Zunichtewerden, es ist die Nacht. In ihr ist auch der dem Welt-Ich Halt gebende Glaube an einen rettenden Gott vergangen. Es ist der Augenblick, in dem nichts mehr da ist, was da war, was Kraft, Sinn und Halt gab. Ohne diesen Tod gibt es nicht die Auferstehung aus dem Wesen.

Dieser Durchgang durch die totale Nacht erst bringt die wirkliche Neugeburt aus dem Wesen. Hier erst kann die Große Erfahrung in ihrem höchsten Sinn erfolgen, das Satori. Selten ist dies ein in der Übung sich vollziehendes Ereignis. Doch wo die Übung mit großer Treue und Mut lange Zeiten durchgehalten wird, mag es dann und wann schon zum Erleben von Vorläufern der Großen Erleuchtung kommen.

Zugleich aber bereitet der dritte Schritt, wo er seinen initiatischen Sinn voll erfüllt, das Aufbrechen der Schale vor, in der der göttliche Same aufs Hervorkommenkönnen wartete. Wo die Eigenwilligkeit des Welt-Ichs und die Macht des in seinem Unbewußten wirkenden Schattens dieses Geschehen immer wieder zurückdrängen, erneuert treue Übung die Chance zu neuem Aufbruch. Dann erst wird die Grundformel der Übung, das „Stirb und Werde", in ihrem vollen Gewicht erfahren als jene Verwandlungsformel, die das Wesen vollen Personseins ausmacht.

Es kann Jahre dauern, bis der treu Übende den höchsten Sinn des dritten Schrittes erfährt, und viel länger noch, bis er aus vorübergehendem Erleben in einer zuverlässigen Struktur des Verwandlungsweges aufgehoben ist.

Der vierte Schritt ist das große Zu-sich-selber-Kommen, das Erlebnis des großen „Ich-Bin“, das im Unterschied zum „Ich-bin-ich“ des Welt-Ichs seine Wurzel im Grenzenlosen hat, in jenem Überpersönlichen, das nun im Hervorkommen der einmaligen, selbsteigenen Gestalt erfahren wird. Freilich erst in der Wiederholung dieses Erlebnisses dank der Treue in der Übung, im nie aufhörenden Drehen des Rades der hier sich in den vier Schritten vollziehenden Verwandlung kann solches erfahren werden, nicht nur einmal vielleicht für den Bruchteil einer Sekunde, sondern immer häufiger und immer tiefer, aber doch immer wieder auch als ein Anfang und als Geburt eines neuen Gewissens, das zur unermüdlichen Weiterarbeit am Selbstwerden verpflichtet. Gerade die Erfahrung des eigentlichen Wesens läßt einen immer wieder leidvoll die Ferne des großen Geheimnisses spüren, das das eigene Wesen in individueller Weise bekundet. Aber einmal vom Pfeil der liebenden Macht aus der Tiefe getroffen, ruht der zum initiatischen Weg Berufene nicht mehr und hält sich auf dem Weg der Verwandlung, die dem Ruf aus dem Wesen entspricht.

Der Versuch, hier wirklich die Treue zu halten, sich auch im Alltag ihr gemäß zu bewähren, und die schmerzliche Erfahrung, daß der Bleibewille des Welt-Ichs und die es beherrschenden Schattenkräfte und Ängste immer wieder erneutes Versagen bedingen, zwingen den Übenden, unermüdlich immer wieder neu zu beginnen. Und gerade der, der schon einmal das Tiefste erfuhr, muß in der Übung immer wieder ganz schlicht die Grundformel, angefangen in der Ebene des Leibes, übend wiederholen.

Es versteht sich, daß der Meditierende nicht alle Möglichkeiten und Forderungen, die die Atemformel enthält, zugleich zu erfüllen vermag. Er wird an verschiedenen Tagen und auch in verschiedenen Zeiten der Meditation selbst und je nach seiner persönlichen Gestimmtheit diese oder jene Bedeutung der Grundformel gegenwärtig haben. An manchen Tagen wird er nicht über die leibliche Bedeutung hinauskommen, an anderen sich sehr schnell durchlässig genug vorfinden, um die Grundformel in ihrer transzendenten Bedeutung zu üben. Wiederum wird er an gewissen Tagen sich veranlaßt fühlen, immer wieder den Akzent auf einen der vier Schritte zu legen oder den ganzen Atem in das Zeichen nur eines Schrittes zu stellen. An anderen Tagen wird er erfahren, daß ohne sein Zutun das Rad der Verwandlung sich ganz von selbst in seinen vier Schritten dreht.

C. Ergänzendes

Erstes Kapitel

Hinweise

1. Besondere Bedeutung des Einatems

Wird Meditation als Verwandlungsübung geübt, dann steht am Anfang des Übens das Loslassen, in der Sprache des Atems der Ausatem. In der Übung ist die Frucht des rechten Ausatems der rechte Einatem, die Frucht des rechten Einswerdens mit dem Boden das Emporwachsen einer neuen Gestalt. Im Einatem also zeigt sich das Ergebnis. Der Einatem hat somit eine Bedeutung, die der des Ausatems nicht nachsteht. Weil aber in unseren Zonen zunächst der sich in seinem Atem festhaltende Mensch, der den rechten Ausatem verlernt hat, das Feld beherrscht, muß also am Anfang der rechte Ausatem geübt werden. Dann aber droht die Gefahr, am Ende den Einatem sowohl praktisch wie theoretisch zu vernachlässigen.

Die Grundformel bedient sich der verschiedenen Bedeutungen der einzelnen Phasen des Ausatems in der Schrittfolge: Loslassen, Niederlassen, Einswerdenlassen. Es darf nun nicht dazu führen, daß über dieser Betonung des Ausatems dem Einatem nicht die genügende Beachtung zuteil wird. Wohl nimmt er nur ein Viertel der vollen Zeit eines Atemzuges (in der Formel: das neu Kommenlassen) ein, wo der Atem in Ordnung ist. Aber dieses Viertel hat in sich seine besondere Bedeutung, die, wenn der

Übende fortgeschritten ist, einmal bewußt beachtet werden muß. Was ist die Bedeutung des Einatems?

Auch er hat vier Phasen: das sich Öffnen, das Aufnehmen, das Vollwerdenlassen und den Genuß der Fülle. Auch der Ausatem kann allein in vier Phasen geübt werden: Loslassen, Niederlassen, Einswerdenlassen und Bleiben im Einsgewordensein; oder Hergeben, Hingeben, Sichaufgeben und Verweilen in dieser Leere. So gesehen kann einmal – das ist dann aber nicht der natürliche, sondern ein künstlicher Atem – wie das Auf und Ab einer Wellenlinie geatmet werden, wobei der Ausatem nicht länger als der Einatem und der Einatem nicht kürzer als der Ausatem ist und auf dem Einatem wie auf dem Ausatem die gleiche Zahl der Sekunden liegt. Das würde dann bedeuten: Hergeben, Hingeben, Sichaufgeben und Verweilen in der Leere – sich Öffnen, Aufnehmen, Vollwerdenlassen und Verweilen in der Fülle. Diese Übung läßt sich leicht einspielen. Der Fehler, der dabei gemacht werden kann, ist, daß der Einatem, weil man ihm nun eine besondere Beachtung schenkt, aktiv eingezogen wird, statt ihn geschehen zu lassen und einfach beobachtend zu begleiten.

Diese Übung kann im weiteren noch so ausgebaut werden, daß der Übende die gleiche Zeit, die er für den Ein- und Ausatem braucht, auf der Höhe des Wellenberges und in der Tiefe des Wellentales, den Atem anhaltend, verweilt. Im Bilde hat das Ganze dann den Charakter einer Mäanderfigur. Die „Ecken" freilich müssen weich gehalten werden.

In dieser Übung wird in ausgeprägtem Maße erfahren, was auch in der Grundformel zur Geltung kommen muß: die Erfahrung der Fülle der Kraft, die als Folge des vollen Ausatems im Übenden aufbricht. So gewiß am Anfang der

Übung das Loslassen, das heißt das sich Loslassen in den Schultern und der Brustpartie, von maßgebender Bedeutung ist, so notwendig ist es, daß der Übende als Ergebnis seiner Bemühung sich auch in den Schultern und der Brustpartie wieder voll präsent erlebt und seinen Vollatem nicht nur im Zwerchfell, sondern auch in den Lungen erfährt. So ist es auch dem Sinn aller Übung gemäß, wenn am Ende jeder legalen Entspannungsübung die rechte Spannung erlebt wird und die in ihr enthaltene Kraft in einem großen Dehnen und Strecken und einem voll sich auch oben In-der-Kraft-Fühlen abgeschlossen wird. Der Sinn der Preisgabe der falschen Form ist nicht eine wohlige Aufgelöstheit, sondern das Hervorwachsen einer neuen, dem Wesen gemäßen Form.

2. Stehen und Gehen (Kin-hin)

Eine besondere Übung ist das meditative Gehen. Es wird im Osten in verschiedener Weise geübt. Eine auch für uns lehrreiche und für den inneren Weg förderliche Form, genannt Kin-hin, wird in den japanischen Klöstern zur Unterbrechung des Za-Zen geübt. Zeitdauer etwa zehn Minuten nach dreißig Minuten Sitzen. Das Tempo wird variiert zwischen einem schnellen Gehen und einer Art Zeitlupengang. Ihm voran geht zweckmäßigerweise das meditative Stehen.

Das ist eine eigene Übung. Weisung: Stehen! Kräftig hinstehen! Den Schwerpunkt in der Mitte, die Kraft im Hara spüren! Von der Mitte aus nach unten und oben spüren. Nach unten zur Erde, nach oben über den Scheitel zur Decke, zum Himmel hinspüren. Mit jedem Ausatem sich tiefer in die Erde hineinspüren. Der Sinn fortschreitenden

Erdens ist das Wachsen nach oben. Im Atemrhythmus stehen. Unwillkürlich schwingt der Leib beim Ausatem ein wenig nach vorn, den Schwerpunkt auf den Fußballen, beim Einatem wieder zurück auf die Fersen. Ein leichtes Schwingen. Jeder Ausatem löst die Schultern noch mehr. Die Arme scheinen länger zu werden, die Fingerspitzen den Boden zu fühlen. In alledem ein Stehen in vollkommener Stille.

Dem Stehen folgt das Kin-hin: Erst richtig stehen, so als wollte man das meditative Stehen üben. Linke Hand zur Faust schließen, Daumen in die geschlossene Hand, Faust mit leichtem Druck auf das Brustbein, Fingerknöchel nach oben. Die rechte Hand liegt mit leichtem Druck des Handballens der rechten Hand auf den Fingern der linken Hand, Unterarme hoch zur Waagerechten, Schultern gelöst fallen lassen. So wird es im Soto-Zen geübt. Im Rinzai dagegen liegt der Mittelfinger der rechten Hand auf der Herzgrube und der Daumen der linken Hand so in die rechte Hand geschoben, daß er die Mitte des rechten Handtellers berührt. Die Ellenbogen hängen in natürlicher Weise herab.

Das Gehen als maximal langsames Gehen ist ein Zeitlupengang, eine Gleichgewichtsübung im Rhythmus des Atems, eines ganz ruhigen Atems, der, wie wir ihn beim Sitzen kennenlernten, mindestens für jeden Atemzug vier Sekunden dauern sollte (drei für den Ausatem, eine für den Einatem), dann je nach Können statt 3:1 auch im Rhythmus von 7:1 oder sogar 11:1 vollzogen werden kann. In diesem Rhythmus wird der Fuß aufgesetzt, abgerollt und abgestoßen in dem Augenblick, in dem der andere aufsetzt. Die Schrittlänge beträgt mindestens einen halben Fuß, d. h.: mit dem linken Fuß beginnend, setzt man die Ferse des linken Fußes auf der Höhe der Hälfte des rechten

Fußes nieder. Man setzt den Fuß mit dem Ausatem auf, verlagert langsam und stetig das Gewicht vom Absatz auf den Fußballen. Sobald man auf der linken Ferse steht, beginnt die rechte Ferse sich zu heben. Ist das Gewicht dann am Ende des Ausatems ganz auf den Ballen des linken Fußes verlagert, dann wird der rechte Fuß mit dem Einatem hochgezogen und setzt sich mit Beginn des neuen Ausatems mit der Ferse auf der Höhe der Hälfte des linken Fußes nieder. Das ist das Grundschema des Kin-hin. Kleine Abwandlungen betreffen die Größe des Schrittes, das Tempo, die Verteilung des Atems auf die Schrittfigur. Beim Gehen darf der Übende keinen Bruchteil einer Sekunde stehen bleiben. Die innere Rhythmisierung der einzelnen Schritte durch den Atem erleichtert die nie zu unterbrechende, stetige Vorwärtsbewegung.

Anfänglich ist es schwer, das Gleichgewicht ohne Schwankungen oder Zuckungen zu halten. Es hängt wesentlich davon ab, daß der Übende beim Gehen seinen Schwerpunkt im Hara hat. Ein Buch auf dem Kopf erleichtert die Einübung der rechten Haltung.

So wie es zweckmäßig ist, dem Gehen zwei Minuten stillen Stehens vorangehen zu lassen, so auch, dem Gehen zwei Minuten Stehen nachfolgen zu lassen, ehe man sich zur Fortsetzung des Za-Zen wieder niedersetzt. Das Niedersetzen wie auch das Aufstehen sollte immer in gleicher Weise erfolgen. Ein jeder mag seine eigene Weise finden, doch diese eigene Weise des Niedersetzens und Aufstehens sollte eine immer gleiche, vollendete Bewegung sein und sich so in die Übung des Za-Zen harmonisch einfügen. Die Übung als ganze sollte zeremoniellen Charakter haben, den Charakter einer kultischen Übung, auch wenn man sie alleine macht. Das Wort „kultisch" sollte wie das Wort „transzendent" dabei nicht den Geschmack von etwas Irrealem, wogar Verstiegenem haben. Es sollte vielmehr den Sinn einer Handlung andeuten, die der wahren Wirklichkeit des Seins dienend zugeordnet ist.

Was hier zur Unterbrechung des Za-Zen geübt wird, ist ein Modell bewußten Gehens überhaupt. Zum Alltag als Übung gehört es, jedes Gehen als eine Gelegenheit des sich Übens wahrzunehmen. Der Mensch unserer Zeit kennt das Gehen nur als ein zielstrebiges Gehen. Er geht irgendwo hin, aber hat es vergessen, daß es auch ein „sich Ergehen" gibt. So gehört zu den Übungen, die ein initiatisch gelebter Tag enthalten müßte, immer wieder das sich Ergehen. Das ist ein Gehen, darin der Gehende versucht, wirklich sich langsam vom eigenen Rhythmus vorantragen zu lassen, nicht also zielstrebig voran zu gehen. Es dauert immer eine Weile, bis das stets vorwärtsdrängende Ich sich zurücknehmen läßt und der Übende von seinem Gehen gleichsam getragen wird. Dann kann das Er-gehen zu einem besonderen Er-fahren werden.

Die Übung des langsam passiven Gehens ist eine Weise des zu sich selbst Hinfühlens und zu sich selbst Hinkommens. Es ist eine Weise, das zwanghafte Gerichtetsein auf und durch irgendein nach außen hin orientiertes Leistungsziel abzulösen durch eine Wendung nach innen, die, wenn sie gelingt, anstatt einer Leistung zu dienen, das innere Werden fördert und so der initiatischen Grundeinstellung entspricht, sie sowohl bewährt, als auch fördert.

3. Umgang mit Störungen in der Meditation

In jedem Menschenleben ist immer irgendein Leiden. Immer steht der Mensch im Zeichen irgendeiner Not, angefangen von einem leichten Ärger bis hin zu einem tiefen

Leid, die den Menschen auch in seine Meditation hinein begleiten. Wie damit in der Übung umgehen?

Meditation ist nicht dazu da, einen Punkt zu finden, an dem wir nicht mehr leiden, sondern im Gegenteil ist Meditieren, recht verstanden, eine Schulung, Störungen, Schmerzen und Leiden in richtiger, d. h. fruchtbarer Weise zu erleiden. Was immer es auch sei, was den Menschen derzeitig an Schmerzen und Leiden bewegt, er muß gerade die Stunden seines Meditierens dazu nutzen, diese fruchtbar werden zu lassen. Das ist nur dadurch möglich, daß er sich dem Leiden stellt, es mit hereinnimmt in sein Meditieren und das sich Loslassen, sich Niederlassen und sich Einswerdenlassen auch als ein sich Niederlassen und Einswerdenlassen mit Schmerz und Leiden übt. Nur so ist es möglich, daß er die Frucht bergen kann, die in jedem Leiden insgeheim vorhanden ist.

Jedes Leiden ist, richtig durchlitten, die Schwelle zu einer neuen Stufe. Der rechte Umgang mit dem Leiden ist also das Gegenteil von dem, was der natürliche Mensch tut. Er versucht, jedes Leiden abzuwehren, sich zu zerstreuen, in etwas anderes zu fliehen, das ihn befähigt, das Leiden zu vergessen. Für den jedoch, der auf den Weg kommt und ihn wirklich zur Selbstfindung zu gehen gewillt ist, ist jedes Leiden, angefangen von physischen Schmerzen bis hin zum Leiden unter einer seelischen Not, wie dem Leiden unter einer sinnwidrigen Lebenssituation oder dem Verlust eines nahen Menschen, gegeben und aufgegeben, durchlitten zu werden zur Ermöglichung eines Schrittes voran auf dem inneren Weg. Ein völlig leidfreies, gegen Schmerzen abgesichertes und reibungsloses Leben ist, initiatisch gesehen, immer unfruchtbar.

Hält der Mensch es durch, ein Leiden unerschrocken im Bewußtsein zu halten und es anzunehmen – es kann Stunden dauern, es kann Tage dauern, daß das gleiche Leiden ihn auch in die Meditation begleitet –, irgendwann einmal wird er dann erfahren, daß er durch eine Mauer bricht und sich selbst plötzlich in einer tieferen Stufe erlebt, nicht nur von diesem Leiden befreit, sondern zu etwas hin befreit, das er vorher noch nicht kannte.

a) Der rechte Umgang mit körperlichen Störungen

Zur fruchtbringenden Praxis in der Übung gehört der rechte Umgang mit körperlichen Störungen, von kleinen Verspannungen angefangen bis hin zu schier unerträglichen Schmerzen. Der Übende mag es etwa so erleben:

Irgendwo spannt es, juckt es, schmerzt es, drängt es nach Bewegung und Behebung; es kitzelt, es kratzt. Man muß es im Abstand halten, es nicht in sich hineinlassen. Oder aber man muß bewußt in den Schmerz hineingehen, sich in die schmerzende Stelle hineinlassen, sich in ihr loslassen. Denn die Hälfte der körperlichen Schmerzen und Störungen kommt von dem Widerstand, den der Mensch unwillkürlich leistet und sich dadurch gerade in der schmerzenden Region noch mehr verspannt.

Eine Störung in der Meditation bildet häufig das zwanghafte Schlucken. Der Speichel fließt, man muß unaufhörlich schlucken. Macht man Widerstand, wird es schlimmer. Nun aber kann man den Spieß umdrehen: man schluckt freiwillig zwanzig Mal – jetzt hat man es in der Hand, das Schlucken hört auf.

Es gibt Schmerzen im Bein, im Rücken, im Kopf. Wie sie aufheben? Wie sie Frucht bringen lassen? Widerstand allein genügt nicht. Man läßt sich in den Schmerz hinein, läßt sich mit dem Ende des Ausatems dort, wo es schmerzt, los. Läßt der Schmerz noch nicht nach, kann man noch tiefer hineingehen, indem man sich, geladen mit der Kraft des „Ki", hineingibt.

Das Wort Ki bezeichnet eine geheimnisvolle „kosmische" Kraft, die sich im Hara sammelt. Was sie ist, läßt sich nicht sagen, wohl aber, wie sie wirkt. Sie befähigt zu physischen Leistungen ohne jeden Einsatz von willentlich erzeugter Kraft. Ein ausgestreckter Arm, der, wo ohne Hara Widerstand geleistet wird, mit seiner gespannten Muskulatur sehr bald von einem anderen Menschen gebogen werden kann, widersetzt sich, wenn man vom Hara her Ki-Kraft hineinläßt, ohne Mühe und mit völlig gelokkerter Muskulatur dem Versuch des anderen, ihn zu biegen. Es ist ein Beispiel für viele. Auch zum Heilen kann Ki-Kraft eingesetzt werden, wenn man den Ausatem benutzt wie eine Pumpe, die die geheimnisvolle Kraft aus dem Bauch der gestörten und schmerzenden Stelle zuleitet. Man muß am Ende des Ausatems sich dort, wo etwas nicht in Ordnung ist, loslassen und Ki-Kraft hineinlassen.

b) Der rechte Umgang mit seelischer Not

Hundertfältig sind die Ursachen größerer oder kleinerer seelischer Leiden, die uns störend in die Meditation begleiten. Wie damit umgehen? Die Antwort lautet: Wo sie den Übenden in die Meditation hineinverfolgen und nicht loslassen, halte er ein, stelle sie sich gleichsam gegenüber und halte sie einfach aus. Gegen sie anzugehen oder vor ihnen zu fliehen, ist gleicherweise unfruchtbar. Fruchtbar ist, sie einfach auszuhalten, sie ohne Steigerung oder Minderung wahrzunehmen. Ja, mehr noch: fruchtbar ist, in das, was schmerzt oder Leiden schafft, hineinzugehen, ihm nicht durch Konzentration auf etwas anderes auszuweichen, sich also nicht die natürliche Reaktion einer Flucht oder eines Widerstandes zu erlauben, sondern sich voll und ganz dem, was beunruhigt, zu stellen, es gegen sich anrennen zu lassen, es sich wehtun zu lassen – alles vom natürlichen Standpunkt aus paradoxe Verhaltensweisen, die aber auf dem initiatischen Weg und so der reifenden Verwandlung förderlich sind.

Die Erfahrung lehrt, daß das paradoxe Aushalten einer schmerzlichen Situation dieser nach einer gewissen Zeit den Stachel nimmt, ja, mehr noch, daß im Aushalten des Schmerzes eine tiefere Ebene aufbricht, von der her die Ursache des Leidens entmachtet und entgiftet wird. Wo man das Gift bewußt trinkt, wird man gegen das Gift immun und kommt in den Genuß einer Bewußtseinsebene, auf der für dieses Leiden kein Platz mehr ist.

Das im Annehmen des Leidens scheinbar paradoxe Verhalten findet den Höhepunkt seiner Fruchtbarkeit erst, wo es in Grenzsituationen durchgehalten wird, wo das Annehmen des Unannehmbaren sich auf Situationen des Menschen bezieht, in denen die Urnöte des Menschseins ihn unausweichlich zur letzten Entscheidung stellen: die Angst vor der Vernichtung, die Verzweiflung gegenüber dem Absurden und die Trostlosigkeit in der Einsamkeit. Hier kann das paradoxe Überspringen – sei es innerhalb einer Meditation oder im Leben – der natürlichen Tendenz zur Selbsterhaltung, Verständlichkeit und Geborgenheit des Lebens zur Ursache jener Erfahrung, die man die Große Seinserfahrung nennt, werden.

c) Der rechte Umgang mit Störungen aus Bewußtseinsinhalt und Bewußtseinsform

Meditieren in initiatischer Absicht fordert die Überwindung des gegenständlichen Bewußtseins. Was auch immer die besonderen Inhalte sein mögen: Bilder, Gedanken, beunruhigende Situationen – die erste Regel, ihrer Herr zu werden, lautet: Vorüberziehen lassen wie Wolken, weder Widerstand leisten noch sich festhalten lassen.

Etwas anderes als der rechte Umgang mit Bewußtseinsinhalten ist die Herstellung der die Einswerdung mit dem Wesen fördernden Bewußtseinsform. Das Bewußtsein des Menschen hat zwei Weisen: die des gegenständlichen Bewußtseins und die des Spürbewußtseins. Dazu kommt das übergegenständliche „Innesein". Was immer im Wachbewußtsein gegenständlich gegenwärtig ist – es ist übergriffen von einem Innesein des Raumes und der Zeit, darin man sich befindet. Man hat es im Innesein, wo man ist und etwa, welche Tageszeit es ist. Erst wenn man sich die Frage beantwortet: Wo bin ich? Wieviel Uhr ist es? springt die gefragte Wirklichkeit ins gegenständliche Bewußtsein. Irgendwo hat der nach der Einswerdung mit dem Wesen Verlangende es in seinem Innesein, wie stark oder schwach er im Grunde bereits vom Wesen durchwirkt ist. Nur im Freiwerden von der Vorherrschaft des gegenständlichen Bewußtseins, im Hinhorchen auf eine im Innesein sich vollziehende Bewegung, in einer Entwicklung des Spürbewußtseins, das heißt eines nicht gegenständlichen, sondern inständlichen Bewußtseins, kann sich die „bewußte Annäherung" an die gesuchte Tiefe und die Verwurzelung in ihr vollziehen. In einem Spüren allein öffnen sich die Schichten unserer Innerlichkeit, deren Durchschreiten uns dem Wesen innerlich näherbringt und so auch jenem Feld inneren Werdens, auf dem Leiden aufgenommen wird wie Samenkörner zu neuer Frucht.

Während wir das gegenständliche Bewußtsein in der Stirne lokalisieren, müssen wir die ungegenständliche Form des Bewußtseins woanders orten: im Hinterkopf, hinter den Ohren, im Nacken, zwischen den Schultern (die Inder sprechen hier vom Prana-Pförtchen oder auch vom Tor des Gottesbewußtseins), in der Wirbelsäule bis hin zum Bauch-Becken-Raum. Es ist weithin unbekannt, daß der Bauch-Becken-Raum, als Ganzes genommen, Stätte eines Bewußtseins ist, darin der Mensch über seine Haut hinaus eine Verbindung mit den kosmischen Kräften zu spüren vermag. Wo der Bauch-Becken-Raum, etwa aus einer sexuellen Problematik heraus, verschlossen ist, ist der Mensch in der Gefahr, eine saftlose Geistigkeit zu entwickeln, deren Licht die Erde in einen Schattenbereich verweist, in dem ihre Kräfte ein oft gefährliches Unwesen treiben. Es fehlt ihm die sein inständliches Selbstbewußtsein nährende Verbindung zu den kosmischen Kräften. Wo der Bauch-Becken-Raum im Bewußtsein zugelassen wird und der Mensch es vermag, sich angstlos in ihm niederzulassen, öffnet sich ihm eine Fülle von Erlebnismöglichkeiten, die ihm mehr oder weniger eine Allverbundenheit mit den ursprünglichen Kräften des Lebens zum Bewußtsein bringen. Das ursprüngliche Ja zum Leben, darin sich der élan vital alles Lebendigen im Menschen bekundet, gewinnt neues Leben, und eine warme Heiterkeit kann sich entfalten, die dem erdfernen Menschen versagt ist. Diese Heiterkeit ist Ausdruck einer ursprünglichen Verbundenheit mit Dimensionen, deren Innewerden einen numinosen Charakter und also initiatische Bedeutung hat. Aber auch das Aufgehen des Brust-Herz-Raumes, das ohne Verankerung im Bauch-Becken-Raum nicht von Dauer ist, kann das fixierende Bewußtsein in fruchtbarer Weise ausschalten. Die dominierende Stellung des gegenständlichen Bewußtseins begründet auch die „Kopflastigkeit" des modernen Menschen, die wie nichts anderes der Entwicklung des Spürbewußtseins im Wege steht.

Aus dem spürenden Einswerden mit der Erde erhebt sich dann früher oder später eine lichtwärts wachsende Säule inneren Lebens, die, wiederum nur im Spürbewußtsein, die Leibesmitte, im weiteren dann den oberen Leib mit Licht und Wärme erfüllt, bis hin zur Erfahrung eines Lichtes, das von oben herkommend schließlich den ganzen Menschen durchlichtet und mit einem warmen Leben durchdringt.

All dies ist jedoch nur in dem Maße möglich, als das gegenständliche Bewußtsein das Steuer der Bewegung abgibt. Dies bedeutet nicht, daß der Übende nicht hinterher das Erlebte auch in eine gegenständlich bestimmte Ordnung seiner sich vertiefenden Selbsterkenntnis bringen kann. Nichts wird den einmal zum gegenständlichen Bewußtsein voll erwachten Menschen je daran hindern können, auch das gegenständlich unfaßbare und unbegreifbare Erleben, sobald es ihm bewußt wird, ins Wort zu nehmen und damit kommunikativ zu machen. Dieses freilich wird nur möglich sein mit Partnern, die über ähnliches Erleben verfügen. Noch ist heute der Dialog auf initiatischer Ebene ein seltenes Geschenk.

Zweites Kapitel

Variationen

1. *Meditationsbilder: Kelch, Baum, Zwiebel*

Der Vollzug der Grundformel in der Meditation kann unterstützt werden durch Bilder, in denen der Sinn der Übung anschaulich gegenwärtig ist. Solche Bilder sind der Kelch, der Baum, die Blumenzwiebel. Symbolträchtige Bilder meditieren kann bedeuten, denkend und erkennend immer tiefer einzudringen in ihren Sinn, verbunden mit dem Versuch, sich diesen Sinn einzuverleiben oder sich ihm anzuleiben. Symbolträchtige Bilder meditieren kann aber auch bedeuten, innerlich die Bewegung als Gebärde zu vollziehen, deren Produkt bzw. sichtbare Spur das Gebilde ist, das nun als leibhafte Gestalt, bzw. als Bild vor einem steht. Der Übende *wird* dann in der Wiederholung der Bewegung, die zu dieser Form geführt hat, selbst zu dieser Form.

a) Der Kelch

Der Sinn alles initiatischen Mühens ist eine Verwandlung, dank deren der Suchende fähig wird, den Segen, des Großen Lebens zu empfangen. Er wird Gefäß einer Kraft, die ihn befruchtet und das ihm eingeborene überweltliche Sein Gestalt werden läßt; eine Gestalt, die, so wie sie das Große

LEBEN einfließen läßt, es auch wieder ausfließen lassen kann zum Segen der Welt. Dies kann in der Übung sinnbildlich geschaut, gespürt und innerlich vollzogen werden im Bewußtsein, Kelch zu werden.

Kelch ist ein Gefäß, das Wasser oder Wein aufnehmen kann, um es wieder herzugeben. Der Kelch steht auf festem Grund und ist nach oben offen. Er nimmt auf, was die Quelle ihm gibt, und gibt es wieder her dem, den nach dem Wasser durstet. So kann der Übende sich in der Gestalt, die ihm mit dem Einatem zuwächst, zum Kelch werden lassen und im Einatem das sich Füllen des Kelches verspüren, um im Ausatem dann das Geben zu erfahren. Mit dem Bild des Kelches im Herzen verwandelt die Formel der Übung sich dann im Bewußtsein des Empfangens im Einatem, im Ausatem in: Geben, geben, geben. Dieses „Geben, geben, geben" fördert die in der Grundhaltung gesuchte Erfahrung des Leerwerdens, das den Übenden dazu fähig macht, Neues zu empfangen. Zum Kelchwerden gehört die Entwicklung des Fußes, dessen erdverbundene Kraft sich im Einswerdenlassen entwickelt. Die aufsteigende Gebärde mündet in einer Form des Menschseins, die der Kelch als empfangendes und wiederum gebendes Gefäß versinnbildlicht.

Zweierlei also mag den Übenden bewegen: Empfangen, um geben zu können – geben, geben, geben; und in einem anderen Augenblick: Geben, geben, geben, um leer geworden, frei zu sein zum Empfangen.

b) Der Baum

Der Baum als tragendes Symbol der Übung bedeutet die Bewegung des sich Erdens und Verwurzelns, des Aufwachsens und des sich Vollendens in der sich öffnenden

Krone. Jeder hat *seinen* Baum, seine Weise, die Erde und das Wurzelwerk seiner Erdung zu spüren, ebenso sich in besonderer Weise als Stamm oder Krone zu erfahren. So verschieden auch Eiche, Buche, Birke, Tanne, Zypresse oder Pinie sein mögen, immer bedeutet „Baum“ zweierlei: Hineinwachsen in die Erde und Emporwachsen zum Himmel, zu einem Aufnehmen der Kräfte aus der Erde und einem Offensein für den Segen von oben. Je nach dem Charakter des Menschen wird in der Gestalt die Weise deutlich, in der er zum Unterschied zu anderen das gleiche Gesetz erfüllt. Das dem Übenden vor Augen stehende Bild seines Baumes fördert die Möglichkeit, den Sinn des Ausatems als Eingehen in den Grund, wie den des Einatems als Hervorwachsen aus dem Grund und Empfangen des Lichtes zu erfahren. Die im Baum enthaltene Symbolik lebendiger Gestalt läßt sich vielfältig differenzieren. Aber alle Bilder, die noch hinzukommen mögen, erfüllen ihren Sinn nur in einer von ihnen geförderten Verwandlungsbewegung.

c) Die Zwiebel

Zeichnet man innerlich die Gestalt der Zwiebel nach, so bedeutet dies zunächst die von der Spitze her ausladende Gebärde, die dann konzentrisch zur Wurzel hinführt. In der Wiederholung dieser Gebärde nimmt der Übende zu an „Bauch“ und Wurzelkraft, und er mag in der Übung diese Gebärde in die Breite und nach unten in der Wiederholung, immer mächtiger und breiter werdend, vollziehen. Die Fühlung mit der Erde nimmt zu und gewinnt an Tiefe. Aber was ist der Sinn dieser Bewegung? Daß aus dem Zentrum die Vertikale aufschießt, daß aus der Wurzelmitte der Pflanzenstiel hervorwächst zu seiner Blüte.

So wird die Zwiebel, vollzogen im Ganzen der Gebärde, deren Produkt sie ist, zum Sinnbild der geerdeten Kraft, aus der die ihr innewohnende Gestalt aufwächst – Sinnbild dessen, worum es in der Übung geht.

In der Praxis kann und muß der Übende diese Bewegung mit jedem Atemzug vollziehen. Sie kann ihn als ganzen Leib durchdringen. Er kann diese Bewegung aber auch durch alle Teile des Körpers vom Kopf herab wiederholen: Vom Scheitel über die Schläfen in die Wangen, von dort wieder empor über die Nase, Nasenwurzel, Stirn und Scheitel und über diesen hinaus. Oder aber vom Scheitel beginnend in die Kinnbacken, in den Hals und von dort aufsteigend zum Scheitel und über diesen hinaus. Oder vom Scheitel herunter über Kopf und Hals in die Schultern bis zum Brustbein als Wurzel und von dort wieder zum Scheitel hinauf, und so fort in eine immer tiefer gelegene Basis herunter und von ihr aus wieder hinauf zum Scheitel und über diesen hinaus.

Wo der Sinn der Meditation die Verwandlung des Übenden ist, darf die Bewegung nicht schließlich zur Ruhe kommen im Bild, sondern umgekehrt muß das Bild Quellkraft bleiben sich immer erneuernder Bewegung.

2. *Kreuzmeditation*

Zu den Grundsymbolen für alles, was lebt, gehört das Kreuz. Gewiß denkt der im christlichen Westen erzogene Mensch bei dem Wort Kreuz oft zu allererst an das Kreuz Jesu Christi. Das Kreuz als universales Symbol übergreift das Christuskreuz und wird doch zugleich von diesem, wo es in seiner vollendeten Bedeutung aufgenommen wird, übergriffen.

Die Übung kann mit einem Eindringen in seine universale Bedeutung beginnen und in einer die Meditation vertiefenden Identifikation mit dem Erkannten münden. Meditieren des Kreuz-Symbols kann aber auch bedeuten – und diese Bedeutung erst liefert einen Beitrag zur lebendigen Verwandlung des Übenden –, innerlich die Bewegung zu vollziehen, deren Spur die dann schaubare Gestalt – das Kreuz – ist.

Der Übende muß bei der Meditation des Kreuzes im Wechsel innerlich eine horizontale und eine sich kreuzende vertikale Bewegung vollziehen. Im Hin und Her von rechts nach links, von links nach rechts und nach allen Seiten, und dann wiederum von unten nach oben und von oben nach unten entsteht ein an sich und in sich selbst erfahrenes Kreuz. Dieses ist mit seinem Mittelpunkt und seinen vier Richtungen in einer Identifikation mit sich selbst zu erfahren.

Die Frucht einer solchen Meditation, in der man selbst zum Kreuz wird, reift, wo im Vollzug der Übung das ins Innesein tritt, was die Horizontale, die Vertikale und auch der Mittelpunkt symbolisch bedeuten. Der Mensch erfährt sich in einem raumzeitlichen Leben und zugleich getroffen und gerufen von einem überraumzeitlichen Sein. Fragt man sich, zu welcher der beiden Erfahrungen die Horizontale und die Vertikale gehören, so wird wohl kaum jemand die Horizontale dem überraumzeitlichen Leben und die Vertikale dem Dasein in Raum und Zeit sinnbildlich zuordnen. Die Horizontale ist Zeichen unseres raumzeitlich bedingten Daseins, die Vertikale dagegen Zeichen für die dieses Dasein in jedem Augenblick treffende und durchstoßende Wirklichkeit des Seins. Diese Bedeutungen sind in der Übung, im Vollzug der beiden Grundbewegungen, zu spüren. Der Sinn der Übung ist dann, daß der Mensch sich selbst als Kreuz erfährt. Er erfährt sich dann als ein Sichkreuzen der Vertikalen und als Kreuzpunkt selbst. Sich als Kreuzpunkt erleben kann auch bedeuten, daß die vier Strahlen des Kreuzes sich in ihm als Zentrum treffen und wieder von ihm ausgehen.

Die Meditation des Kreuzes vollzieht sich in der vierfachen Möglichkeit, das Kreuz zu erleben und zu lokalisieren: Die Lokalisation ist vage. Von irgendeiner Mitte aus vollzieht sich die Bewegung in die vier Richtungen. Darüberhinaus aber gibt es drei Ebenen, in denen man sich als Kreuz erfahren kann: als ein Kreuz, das seine Mitte im Becken, im Sacrum hat; als ein Kreuz, das seine Mitte in der Stirn, bzw. der Nasenwurzel hat, und als ein Kreuz, das seine Mitte in der Höhe des Herzens, bzw. in der Gegend des Brustbeins hat, jeweils mitten im Leibe.

Die Übung selbst vollzieht sich als eine gerichtete Übung des Atems. Hierbei kann von der Mitte ausgehend die Bewegung in der Horizontalen wie die Bewegung in der Vertikalen mit dem Ausatem verbunden werden, sodaß der Einatem wieder zur Mitte zurückführt. Umgekehrt kann der Einatem von der Mitte her gesehen nach allen Seiten hin öffnen und das Zurück ins Zentrum mit dem aktiven Ausatem die Bewegungsgestalt wieder schließen.

Diese Bewegung in die Peripherie und zur Mitte zurück kann nacheinander längere Zeit von einer vagen Mitte aus und dann von der Mitte des Becken-, Kopf- oder Herzkreuzes vollzogen werden. Die personale Vertiefung, die der Erfolg dieser Übung sein kann, wird davon abhängen, in welchem Maß sich der Übende mit den verschiedenen Bedeutungen der Vertikalen und Horizontalen, ihres sich Kreuzens, und dem Kreuzpunkt selbst zu identifizieren vermag, d. h. in sie hineinwächst, oder es vermag, sie in sich hineinwachsen zu lassen.

Es ist ein qualitativ besonderes Erlebnis, wenn man es vermag, sich im atmenden Vollzug der Horizontalen auf die Grundqualitäten des Raumzeitlichen einzuspielen, um sich dann von der völlig andersartigen Qualität des in die Vertikale hineingenommenen Überraumzeitlichen im wahren Sinn durchdringen zu lassen. Was zunächst nur im Nacheinander geübt werden kann, kann dann zu einem Erlebnis der Mitte werden, in der der Mensch sich sowohl als ein nach allen Seiten ausstrahlendes Zentrum wie auch als eine alles in sich aufnehmende Mitte erfahren kann. Über das Erleben der radikalen Gegensätzlichkeiten von Vertikaler und Horizontaler kann es zur Erfahrung ihrer unabdingbaren Zueinandergehörigkeit kommen, in der das Leben sich immer wieder in Gestalten offenbart, die alle Gegensätzlichkeit in einem Übergegensätzlichen aufheben.

Zur Bedeutung der Vertikalen und Horizontalen als Zeichen für das überweltliche Sein einerseits und das raumzeitlich bedingte Dasein andererseits gesellt sich – für den Vollzug der Übung nicht weniger bedeutsam – die Bedeutung von männlich und weiblich. Wiederum wird kaum jemand die Vertikale mit dem Weiblichen, die Horizontale mit dem Männlichen verbinden, sondern die Vertikale mit dem Männlichen, die Horizontale mit dem Weiblichen. Im Vollzug der Übung kann der Übende im horizontalen Schwingen versuchen, sich in seiner Weiblichkeit zu erfahren, in der Vertikalen in seiner Männlichkeit. Je länger er diese Bewegungen in ihrem gegensätzlichen Sinn nacheinander zu vollziehen vermag, umso reicher und tiefer wird das Erlebnis der Mitte sein, das im ständigen Hin und Her, im rechts und links, oben und unten, immer mehr „Profil" gewinnt.

Zu den genannten Bedeutungen der Vertikalen und Horizontalen gesellt sich noch die Bedeutung der Horizontalen als Erde und der Vertikalen als Himmel und Hölle. Es ist wichtig zu sagen „Himmel *und* Hölle" und nicht nur Himmel, denn allzuleicht sieht man die Transzendenz nur oben in der lichten Sphäre des Himmels, nicht aber auch unten im Reich der überweltlichen dunklen Mächte. Es ist dann die Frage, wie der Mensch mit der in sich gegensätzlichen Transzendenz fertig wird, wie er die Polarität von Himmel und Hölle in sich selbst zu einer Gestalt vereinigen kann, die im Dienste des Himmel und Hölle übergreifenden Lichtes auch mit der Hölle in fruchtbarer Weise fertig wird, indem er das Dunkle nicht nur von sich stößt, sondern es wahrnimmt, aushält und integriert.

Die Übung des Kreuzes kann nie zu einem Ende kommen. Unendlich sind die Bedeutungen, die sie aufschließen kann, und die Aufgaben, die dem Menschen aus diesen Bedeutungen erwachsen. Es gibt aber keine Kreuzmeditation, die, wenn sie recht vollzogen wird, nicht zur Tiefe des Wesens hin öffnet, also initiatischen Rang hat.

3. Das pralle Nichts

Eine Übung zur Erfahrung des Nichts, die in der Haltung des Za Zen-Übenden gemacht werden kann: Man spürt die Hände. Die Finger der linken Hand liegen auf den Fingern der rechten, die Finger der rechten unter den Fingern der linken, die Daumen berühren sich eben, die Hände sind leicht gegen den Bauch gedrückt oder liegen mit den Handgelenken auf den Oberschenkeln.

Nun kann man fragen: Wer fühlt wen? Fühlen die Finger der rechten Hand die Finger der linken Hand oder die Finger der linken Hand die der rechten Hand? Findet man zur Antwort: Die Finger der rechten Hand fühlen die Finger der linken Hand, so versucht man dann, mit den Fingern der linken Hand die Finger der rechten Hand zu spüren. Nun geht man über zu den Daumen, fühlt die Daumen und fragt sich wiederum: Wer fühlt wen? Spürt man mit dem rechten Daumen die Kuppe des linken Daumens oder mit dem linken Daumen die des rechten? Auch hier wiederum: Lautet die Antwort: Der rechte Daumen fühlt den linken Daumen, so versucht man, den rechten mit dem linken zu spüren. Nun zur Fühlung von Händen und Bauch: Fühlt man mit den Händen den Bauch oder mit dem Bauch die Hände? Auch hier wieder sind beide Antworten möglich. Oder wenn die Hände tiefer liegen, d. h. die Handgelenke auf den Oberschenkeln, dann dieselben Fragen mit Bezug auf Handgelenk und Oberschenkel durchspielen. Das Spüren der Finger, der Daumen, von Händen und Bauch bzw. Händen und Oberschenkeln geschieht im Rhythmus des Atems.

Nun sich von den Händen abkehren und dem Atem zuwenden. Den Atem spüren, wie das Zwerchfell sich im Atem bewegt: aus, aus, Pause, ein, etwa eine halbe Minute. Wieder zurück zu den Händen: Dieselben Fragen sich stellen, ganz ruhig, je etwa eine Minute auf die Finger, die Daumen, Hände und Bauch, Hände und Oberschenkel verwenden. Doch man erfährt, daß die Unterscheidung der rechten von den linken Fingern, des rechten von dem linken Daumen, der Hände vom Unterbauch bzw. von den Oberschenkeln etwas schwieriger geworden ist. Man spürt mehr die Flächen der Berührung als die sich berührenden Glieder. Immer schwerer wird es, diese voneinander zu unterscheiden. Nun wendet man sich wiederum von den Händen ab dem Atem zu. Ganz ruhig schwingt der Atem und wird wahrgenommen im Grundrhythmus von 3:1. Man nimmt ihn wahr um die Hüften herum, nimmt ihn wahr im Kreuz, im ganzen Leib, kurz, beschäftigt sich ein bis zwei Minuten eindringlich mit dem Atem. Noch einmal kehrt man zurück zu den Händen mit der alten Frage: Wer fühlt wen? Doch nun ist es kaum oder gar nicht mehr möglich, diese Frage zu beantworten. Es ist nur ein vages Gesamtgespür da. Da ist etwas. Das läßt sich aber nicht mehr unterscheiden in rechts und links, dies und das. Es ist eine Einheit, gefüllt mit taktilen Qualitäten.

Verweile ich in dieser unbestimmten Gesamtqualität, dann kommt der Augenblick, wo auch diese verschwindet, und – das wird unheimlich – dort, wo vorher noch die Hände, die Daumen, die Finger, die Handgelenke, Oberschenkel und Bauch gesondert zu spüren waren, ist mit einem Male nichts mehr da! Man spürt hin und spürt doch nichts, ein Nichts. Aber es ist nicht ein leeres Nichts, es ist ein pralles Nichts, voller Leben, das still im Rhythmus des Atems selber atmet.

Und nun spürt man, wie im vierten Schritt des Atems aus der stillen Leere des prallen Nichts etwas Neues hervorkommt, besser gesagt, man selbst als ein Neuer hervorkommt. Das Nichts wird zum schöpferischen Grund eines Neuwerdens aus der Tiefe heraus. Aus ihr erwächst das Gefühl einer Freiheit, einer heiteren Weite, so als erhebe man sich aus dem Nichts in die Freiheit einer Gestalt, die ohne Konturen doch zugleich eine geformte Bekundung des Wesens ist. Immer kommt das Schöpferische aus dem Nichts. So auch erfährt man hier das Nichts als Quellgrund einer neuen Gestalt.

Drittes Kapitel

Besondere Aspekte

1. Konzentration, Meditation, Kontemplation

Das Mittelalter unterschied drei Phasen der meditativen Übung: concentratio, meditatio, contemplatio. Diese Unterscheidung hat bleibende Geltung. Die drei Phasen repräsentieren zugleich drei Weisen bewußter Präsenz: eine aktive, eine passive und eine dritte, die jenseits von Aktivität und Passivität eine wahrnehmende Stille bedeutet.

In der ersten Phase, der Konzentration, tut der Übende etwas, in der zweiten, dem meditari, geschieht ihm etwas, in der dritten widerfährt ihm das lebendige Sein, jenseits von Tun und Nicht-Tun. In der ersten Phase ist er auf etwas konzentriert und ist bemüht, von sich aus eine Bewegung durchzuführen. Auch wenn es sich um das Lassen handelt, das sich Loslassen, sich Niederlassen, sich Einswerdenlassen und sich Zurückkommenlassen, ist das Ganze doch vorangetrieben von einer gerichteten Willenseinstellung, in der richtigen Weise zu üben. Es geht nicht ohne Bemühen. Es ist anstrengend, ist Arbeit.

In der zweiten Phase wird es anders. Zuerst, so sagte einst ein indischer Swami, muß das Ich etwas tun. Dann, mit einem Male, taucht die Seele auf, und dann erfährt der Übende, daß ganz ohne sein Zutun etwas auf ihn zukommt und er etwas empfängt, das ihn verändert.

Die zweite Phase ist das meditari. Es ist etymologisch nicht haltbar, aber der Sache entsprechend, wenn man es als ein „Zur-Mitte-Hingegangenwerden" versteht – medi-tar*i*, nicht meditar*e*. Die Silbe „med" lädt noch zu einer anderen Deutung ein, nämlich nicht an „Mitte" zu denken, sondern an „Maß". Meditari hieße also: in sein Maß gerückt werden. Das aber bedeutet immer auch: in seine Mitte gebracht werden. Das ihm in Wahrheit zugedachte Maß findet der Mensch nur im Überschreiten seines gewöhnlichen Horizontes, seine Mitte nur im Aufheben der Peripherie, in der er gewöhnlich festsitzt.

Dieselben Bewegungen, die in der Phase der Konzentration Ergebnis eines Bemühens waren, vollziehen sich nunmehr ganz von selbst, das Lassen, Niederlassen, Einswerdenlassen und Kommenlassen. Der Übende sieht diesem Geschehen nur noch wach zu, registriert es, macht es aber nicht mehr. Es ist jeweils ein besonderes Erlebnis, wenn in der Übung das Geschehen aufhört, Ergebnis eines aktiven Tuns zu sein und zu einem Getan-werden wird. Auch dem Fortgeschrittenen kann es widerfahren, daß er lange Zeit braucht, um in den Genuß des meditari zu kommen. Einen Höhepunkt erreicht das Erleben dieser Phase dort, wo der Atem als ein „ES atmet" erfahren wird. Nicht ich atme, sondern ES atmet. Der Atem wird dann ganz plötzlich als ein vom Übenden unabhängiges Geschehen empfunden, das ihn wie aus einer eigenen Gesetzlichkeit heraus trägt. „ES atmet" meint mehr als das bekannte Phänomen, daß, wenn man mit Atmen innehält, dieses von selbst wieder einschießt. Nicht das ist gemeint, sondern ein immer überraschendes und höchst eindrucksvolles Erlebnis einer von unserem bewußten Tun unabhängigen Dimension leibhaftigen Lebens.

Der passive Charakter des meditari wird aber vor allem

ermöglicht durch die ewige Wiederholung. Erst sie erlaubt es, in der Automatisierung der Bewegung das Ich als willentlich tätigen Faktor auszuschalten. Dann entsteht ein quasi automatischer Vollzug, der, indem er das wollende Ich zurücktreten läßt, das spontane Aufgehen der Tiefe ermöglicht. Das Moment der Wiederholung ist, auch etymologisch gesehen, in der Silbe „med" enthalten. Sie bedeutet ursprünglich eine ewige Wiederholung des gleichen Lautes als „Murmeln"[13].

Die dritte Phase, die contemplatio, ist, wo sie im vollen Sinn des Wortes sich einstellt, ein seltenes Erlebnis. Es meint, wie es einstmals hieß, die „selige Beschauung". Der Inder nennt es Samadhi, das von verschiedener Tiefe sein kann, Augenblicke der Präsenz eines überweltlichen Seins, ein völliges Hineingenommensein in das Geheimnis einer erlösenden Kraft. Der Gläubige mag hier von einer den Menschen ergreifenden „präsentia Dei" sprechen. Entscheidend ist, was faktisch erfahren wird. Dieses Erlebnis ist selten, ein Geschenk der Gnade, und der Übende sollte nicht darauf aus sein, es zu erfahren, so sehr er andererseits um die Bedingungen bemüht sein muß, unter denen er es erfahren kann. Was hier Gnaden-Erleben genannt wird, ist nicht das Empfangen eines in wunderbarer Weise uns von außen zukommenden Geschenkes, sondern das Bewußtwerden des uns eingeborenen überweltlichen Kerns. Solange Gnade als ein gleichsam von außen dem Menschen widerfahrendes Geschenk angesehen wird, besteht keine Beziehung zu einem Tun, das, etwa in einem Exerzitium, Einfluß auf ihr Wirken haben könnte. Wird aber das uns innewohnende überweltliche Sein, der uns eingeborene Christus, als die Gnade schlechthin angeschaut, dann gibt es ein ihr zugeordnetes Exerzitium: das Bemühen, ihr das Tor ins Bewußtsein zu öffnen. Initiatisches Leben ist geladen von dem Bemühen, sich der eingeborenen Gnade: im Wesen teilzuhaben an dem Geheimnis, das wir Gott nennen, bewußt zu werden.

2. *Irrlichter und Zeichen*

In Bildern und Erscheinungen, die in der Meditation auftauchen können, begegnet der Übende sich selbst, auch in seinem Schatten. Sie können daher wie Traumbilder zum Zweck der Selbsterkenntnis wahrgenommen, gedeutet und in die Arbeit am eigenen Selbst hineingenommen werden. Für den auf dem Weg Angetretenen muß ihre Verarbeitung aber auch im Hinblick auf ihren archetypischen und metapsychischen Sinn auf dem Weg zur Individuation (C. G. Jung) erfolgen.

Solche Bilder können sein: eine Blume, ein Kreuz, ein Tigerkopf, eine Buddhafigur, eine Schlange, ein Baum, eine geometrische Figur, eine Hand. Sie tauchen immer in einer bestimmten Aura auf, die licht sein kann oder auch dunkel, angsterregend oder befriedigend, erschreckend oder beglückend, anziehend oder abstoßend. Im Hinblick auf solche Bilder muß gefragt werden: Was wird in ihnen sichtbar an Kräften und Tendenzen, die mich in bestimmter Weise auf dem Weg zur großen Durchlässigkeit fördern oder blockieren? In welcher Richtung schweife ich in meinen für gewöhnlich verborgenen, in solchen Bildern sichtbar werdenden Wünschen, Hoffnungen, Zweifeln und Befürchtungen vom Weg ab? Welcher Art alter Verhaftungen sind noch am Werk, die immer wieder die Gefahr einer Regression heraufbeschwören? Welcher Art Macht- und Geltungsansprüche, Lustbedürfnisse, moralische Hemmungen oder Sehnsüchte spielen noch eine Rolle, die das Fortschreiten auf dem Weg versperren oder auf Abwege führen? Bilder, die verdrängte Kräfte anzeigen, bekunden eine Energie, die als solche jenseits von gut und böse ist, auf die aber als Kraftpotential auf dem Weg zum wahren und weltkräftigen Selbst nicht verzichtet werden kann.

Wie sich solchen Bildern gegenüber in der Übung verhalten? Wo man nur die Leere von Bewußtseinsinhalten sucht, sind alle Bilder störend. Doch je nachdem, wie man die in den Bildern erscheinenden, verdrängten Kräfte bewertet für die Entwicklung des Menschen, wird in anderer Weise mit ihnen umgegangen werden. Hier unterscheidet sich westliches Interesse von östlicher Weisung. Wird als Sinn der Entwicklung allein die von allem erlösende Leere gesucht, dann ist eine Haltung am Platz, in der jede Erscheinung des Unbewußten als nur störend abgetan und jedes Bild als Irrlicht abgewertet und abgewiesen wird (Makyo). Wird als Sinn der Entwicklung jedoch der Mensch gesehen, der zum Meistern und Gestalten der Welt berufen ist, dann sind Bilder aus dem Unbewußten Zeichen von Kräften, die, voll bewußt gemacht, über eine Bewußtseinserweiterung und -differenzierung der Individuation dienen.

3. Grundtugenden

Der Übende wird früher oder später die Erfahrung machen, daß die getreue Durchführung der Übung gewisse „Tugenden“ voraussetzt. Das sich Loslassen erfordert Mut, das sich Niederlassen Vertrauen, das sich Einswerdenlassen bedarf, wenn es Frucht bringen soll, der Geduld, und unwillkürlich wird sich das Empfangen der

Frucht im vierten Schritt, die Erfahrung des Neuwerdens, verbinden mit einem Gefühl der Dankbarkeit und neuer Verantwortung zur Wahrung und weiteren Entwicklung des Empfangenen. So ist es auch möglich und förderlich, die Grundformel in der Übung zu begleiten mit den innerlich gesprochenen oder gesehenen Worten:

Mut, Vertrauen, Geduld, Verantwortung.

Eine weitere, die Grundformel begleitende Folge sich mit ihr verbindender Qualitäten betrifft die sich wandelnde Gesamtverfassung des Übenden. In ihr erfährt er vier verschiedene Qualitäten:

Schwere, Breite, Wärme, Licht.

Das die drei ersten Schritte kennzeichnende Erden wird erfahren als ein Schwerwerden und damit als ein immer tiefer nach unten in die Erde Eindringen. Das Erden bringt des weiteren das Erlebnis des größer werdenden Raumes, den man im Sitzen „besitzt", ein Breiterwerden der Fläche, die man einzunehmen das Gefühl hat.

Mit dem Schwer- und Breitwerden im besetzten Raum erfüllt sich der Bauch-Becken-Raum in zunehmender Weise mit Wärme. Richtiger gesagt, der Übende erfährt sich selbst in einer fortschreitenden Zunahme an Gewicht, an Umfang und ihn im Einswerden erfüllender Wärme. Dies kann in wachsender Tiefe erfahren werden, angefangen von Gefühlen, die mehr das leibliche Dasein betreffen bis hin zu Weisen des Zumuteseins, die verschiedene Aspekte des „hochkommenden" Wesens zeigen. Dann gewinnen alle drei Qualitäten eine kosmische Valenz.

Im vierten Schritt nun schlägt diese Reihe von Qualitäten immer spürbarer in ihr Gegenteil um. Mit der Erfahrung des Neuwerdens verwandelt sich im vierten Schritt die Schwere in eine befreiende Leichtigkeit, die horizontale Breite in eine schmale Aufrechte und die Wärme in eine spürbare Frische. Die Hauptqualität aber, die im Hochkommen, im Aufsteigen des Neugewordenen erfahren wird, ist

Licht.

Auch das Erleben des Lichtes, das immer wieder zu den auf diesem Wege auftauchenden Phänomenen gehört, zeigt Unterschiede nicht nur an Intensität, sondern an Tiefe. In der Tiefenqualität des Lichtes, den Graden ihrer Tiefe, erfährt der Übende das Maß der Nähe seiner Begegnung mit dem Wesen.

4. Welt-Ich und Wesen

Alle Praxis des initiatischen Lebens muß gesteuert werden von der Einsicht in das Verhältnis von Welt-Ich und Wesen und vom Streben nach der ihnen zugedachten Integration. Die Praxis setzt die Einsicht um in die Tat.

Initiatische Verwandlungsübung, richtig verstanden, vollzieht sich in zwei zueinander gegenläufigen Bewegungen. Der Übende bewegt sich auf das Wesen zu und erfährt das Wesen in seiner Bewegung zu ihm hin. Genauer gesagt: Der Übende sucht sich zum Wesen hin zu öffnen, und er erfährt, wenn ihm das gelingt, daß das Wesen in ihm aufgeht. Die Bewegung zum Wesen hin, richtiger gesagt, die Bewegung des sich Öffnens, erscheint als Erfolg eines Bemühens. Man muß es machen. Die vom Wesen her erfahrene Bewegung widerfährt einem, man macht sie nicht.

In der Gegenläufigkeit der beiden Bewegungen muß

dem Übenden immer mehr zum Erlebnis werden, daß und in welchem Sinn sein Leben sich in der Spannung zweier Pole vollzieht: In der Spannung zwischen dem Welt-Ich und seinen Ansprüchen und dem Wesen und seinem Drang, sich zu offenbaren und hierzu einzudringen in die Wirklichkeit des Welt-Ichs. Der Mensch kann vom personalen Zentrum her sich dieser Spannung bewußt werden: des Dranges zum Offenbarwerden seiner selbst als Wesen und der Eigenläufigkeit des Ichs und seiner Welt, in der es seine Positionen schafft, ausbaut und sich gegen den Anspruch des Wesens unwillkürlich verteidigt.

Das geheimnisvolle Ich, das auf der einen Seite das Wesen, auf der anderen Seite das Welt-Ich gegenwärtig haben kann, muß verstanden werden als das potentielle Ganze, darin Welt-Ich und Wesen einander zur Integration aufgegeben sind. In dieser Integration hat das Welt-Ich seinen Widerstand gegen das Wesen aufzugeben, dem Einströmen der Wesenskräfte stattzugeben, ja mehr noch, eine Verwandlung zuzulassen, in der es im fortschreitenden Maße die Bedingungen schafft, unter denen das Wesen als das Unbedingte im Reich der raumzeitlichen Bedingungen Gestalt gewinnen kann. Der Impuls zu dieser Verwandlungsbewegung kommt aus der das potentielle Ganze repräsentierenden Zentrale. Von dieser aus unterscheidet der Mensch die Strebungen von Welt-Ich und Wesen. Geladen und gesteuert von einem Gewissen, aus dem das gemeinte Ganze spricht, läßt er die Impulse zu, die auf die Integration von Welt-Ich und Wesen zielen, und bremst diejenigen, in denen das Welt-Ich sich gegen das Wesen verschließt.

In jenem geheimnisvollen Zentrum der Person, aus dem heraus der Mensch bei sich selbst den Manifestationsdrang seines Wesens und die Eigenwilligkeit, Eigenläufigkeit und Widerspenstigkeit seines Ichs unterscheiden kann, ist letztlich das Geheimnis jener Kraft am Werk, die auf die Integration der beiden Pole in einer Gestalt hinzielt, in der das Welt-Ich im Dienste des Offenbarwerdens des Wesens steht. Je mehr der Mensch auf dem initiatischen Weg voranschreitet, desto mehr erscheint die anfänglich als negativ schmerzvoll empfundene Gegensätzlichkeit der Pole als die Weise des Großen LEBENS, sich in seiner schöpferischen Kraft zu erweisen. Es ist die Weise, in der es sich im Menschen, der zur vollen Person wird, beglückend und erlösend als die „coincidentia oppositorum" bekundet, die die Gegensätze nicht auflöst, sondern in der Fülle des im Menschen zu sich selbst gekommenen Lebens einlöst.

5. Einfach Da-Sein

Wo immer der Mensch ein wirkliches Können bezeugt, scheint seine Leistung ganz einfach zu sein. Und sie ist es dann auch. Kraft vollendeten Könnens vollzieht sich die Leistung, als sei sie das einfachste Ding von der Welt. Aber welches Maß an Arbeit geht dem voran! Arbeit an den einzelnen Schritten und Griffen, die am Ende sich zum harmonisch abfließenden Ganzen zusammenfinden. Das ist eine Arbeit, darin jeder Schritt gelernt und zunächst voll bewußt gemacht werden muß. Erst in der ständigen Wiederholung kann das fixierende Bewußtsein, das jede Phase überwacht, zurückgenommen werden. Erst dann kann dank einer Automatisierung des Geschehens der Übende es sich selbst überlassen. Er macht es nicht mehr, es geschieht wie von selbst. Das ist so in der Welt aller Leistungen, deren Vollendung ein Üben voraussetzt, in der Kunst, im Sport etc.

Nicht anders steht es auf dem Felde initiatischer Übung. Auch jede initiatische Übung, deren Sinn die Transparenz für Transzendenz ist, verlangt eine Einübung Schritt für Schritt. Am Ende aber wird alles ganz einfach. So wie die Frucht der Übung im Bereich weltlicher Leistung ein ganz einfaches, von allem gegenständlich fixierenden Bewußtsein und allem willentlichen Machen und aller Sorge um Versagen oder Gelingen befreites Geschehen ist, so auch die Frucht initiatischer Übung. Wie selbstverständlich findet der Übende sich getragen von einem beglückenden Geschehen, befreit von aller Not eines um Gelingen bemühten und besorgten Ichs, in der Kraft, im Licht und in der Wärme eines ihn nun durchflutenden größeren Lebens geborgen. Es ist, als könne es gar nicht anders sein.

Es ist auf dem Weg der Übung förderlich, daß der Übende sich bisweilen so verhält, als sei er bereits zur Möglichkeit dieses Zustandes gelangt. Er darf hin und wieder alle Bemühungen um den rechten Ablauf vergessen und versuchen, ganz einfach nur da zu sein. Dieses gelegentliche und im Fortschreiten immer häufiger zu übende Ganz-einfach-Dasein kann gefördert werden durch ein möglichst kurzes Mantram, z. B. die ewige Wiederholung der zwei Worte „Ich bin", oder die ewige Anrufung des Herrn, das in sich Hineinsprechen des Namens oder auch nur des einen Wortes „Nichts" oder der alles in sich enthaltenden Silbe „OM".

Nur aber, wenn der Übende sich immer wieder dessen bewußt wird, wie fern er in seiner personalen Struktur noch vom vorübergehend erlebten Zustand ist, entgeht er der Gefahr, im vorübergehend Erreichten stehen zu bleiben. Nur, wenn er die Übung zur unmittelbaren Präsenz des im einfachen Da-Sein sich bekundenden All-Einen immer wieder ablöst durch ein sorgfältiges Erarbeiten der einzelnen, zur Verwandlung erforderlichen Schritte, wird er davor bewahrt werden, sich im Erleben einer wohligen Harmonie niederzulassen und so alles wieder zu verlieren.

D. Aktive Praktiken

Erstes Kapitel

Initiatische Übung der Sinne

Meditieren als initiatische Übung kann passiven, aber auch aktiven Charakter haben. Meditieren als aktive Übung unterscheidet sich jedoch in einem wesentlichen Punkt von sonstigem aktivem Verhalten in der Welt. Während dieses zum Resultat das Ergebnis eines Machens hat, also Produkt einer menschlichen Absicht ist, ist das „Produkt" einer initiatischen Aktivität etwas, das man nicht machen kann, sondern das kraft des eingesetzten Tuns zugelassen wurde: das Wesen in seinem Drang nach Offenbarwerden. Das Tun bezieht sich nur auf die Bedingungen, unter denen ein Unbedingtes in die Erscheinung treten, das heißt bewußt erlebt werden und dann Gestalt gewinnen kann.

Diese Regel gilt auch für die initiatische Übung der Sinne. Dabei geht es nicht um eine Übung, durch die die Sinne zu höherer Leistung geschärft werden; sondern das sinnliche Tun: Sehen, Schmecken, Riechen, Tasten, Hören, schafft Bedingungen, unter denen ein Übersinnliches hervorkommen kann. Dieses hat aber das Zurücktreten der primären Funktion der Sinne zur Voraussetzung.

Allen Sinnen entspricht eine Qualität: dem Hören, dem Riechen, dem Schmecken, dem Tasten, dem Sehen. Ton, Geruch, Geschmack, Getastetes, Farbe und Bild sind unmittelbar gegeben. Doch alle Sinne haben Bezug zu einem Übersinn, so wie sie alle die Entfaltung eines ursprünglichen Gemeinsinnes sind. Von ihm zeugt noch das Hell-Dunkel im Reich aller Sinne. Es findet sich sowohl im Reich der Farben wie dem der Töne, aber auch im Geruch, im Tasten (kalt-warm) wie im Geschmack wieder. So können sie auch, meditativ erfahren, wiederum in einen Gemeinsinn münden. Die Qualität dieses durch alle Sinne hindurchschimmernden Übersinnes hat numinosen Charakter, in ihr wird ein Überweltliches erfahren. Dieses Erfahren vorzubereiten, ist ein Anliegen der initiatischen Übung der Sinne.

1. Hören

Ich höre draußen ein Bächlein rauschen. Ich gebe mich ganz diesem Rauschen hin. Das Rauschen erfüllt mein Ohr, erfüllt meinen Sinn mit einer bestimmten Qualität des Gehörten. Lasse ich mich nun immer tiefer in das Rauschen hinein, dringe ich horchend gleichsam durch das unmittelbar Gehörte hindurch in das, was dahinter liegt, dann kann es geschehen, daß ich eine Qualität von besonderem Charakter „höre“, die Qualität eines dem Gehörten zugeordneten Unhörbaren, das doch nicht „nichts“ ist. Diese Qualität hat übersinnlichen Charakter. Das nunmehr Gehörte reicht hinein in eine ganz andere Dimension, in der der Hörende das räumlich Gehörte gleichsam hinter sich läßt und in eine Weite und Tiefe eintritt oder gezogen wird, die den Horizont seines gewöhnlichen Ichs überschreitet und der Tiefendimension seines eigenen Wesens zuzugehören scheint.

Die Übung, zunächst in das Gehörte einzudringen und dann durch das Gehörte hindurch in ein Jenseitiges und darin zu verweilen, kann auch innerhalb einer Sitzübung im Stile des Za-Zen gemacht werden. Aber auch das Leben bietet vielerlei Gelegenheit, diese Übung zu wiederholen. So kann man in einen Wald hineinhorchen, in das Rauschen des Meeres, in die Nacht hinein, aber auch, wenn man einmal stehenbleibt und längere Zeit verweilt, in das Getriebe einer Großstadt. Es ist ein eigenartiges Erlebnis, wenn es gelingt, durch den Lärm hindurch eine besondere Stille zu vernehmen wie den Ton einer anderen Welt.

2. Geruch

Viel mehr, als wir es gemeinhin ahnen, spielt der Geruch eine gewichtige Rolle für die Gestimmtheit unseres gesamten Erlebens in der Welt. Es ist bekannt, wie sehr Gerüche in der Lage sind, Kindheitserlebnisse hochkommen zu lassen. Jeder Raum hat seinen spezifischen Geruch, die Stadt einen anderen als das Land, das Büro einen anderen als das Wohnzimmer, die Straße einen anderen als das Haus. Und dies alles nicht nur in einem grobstofflichen Sinn, daß die Straße einer Stadt faktisch durch die ausströmenden Gase der Autos einen anderen, üblen Geruch hat, verglichen etwa mit dem Geruch in der Küche oder im Walde, sondern ohne und jenseits dieser grobstofflichen Unterschiede nehmen wir mit dem Geruchssinn Atmosphären auf, die, oft undefinierbar, aber doch sehr eindeutig wahrgenommen werden und auf unser Gemüt wirken. Diese gleichsam jenseits des materiellen Geruchs wahrnehmbaren, mit etwas Geruchsähnlichem zusammenhängenden atmosphärischen Qualitäten gilt es ernst zu nehmen und den Sinn für sie zu üben. Wir gelangen zu ihnen nur, wenn wir meditativ durch einen grobstofflichen Geruch hindurch und an ihm vorbei riechen. Diese mehr atmosphärische Geruchsqualität berührt uns auch unabhängig vom wirklichen Geruch als Aura und Atmosphäre, die einem Raum, einem Gegenstand oder auch einem Menschen anhaftet. So hat jeder Kultraum eine für ihn spezifische Atmosphäre, die wohl mit einem bestimmten Geruch zusammenhängen mag, aber nicht mit ihm identisch ist. Die Schulung zum Wachwerden für atmosphärische Qualitäten gehört zu den Übungen, in denen der Mensch lernt, die grobstoffliche Wirklichkeit seines gegenständlichen Bewußtseins ins feinstoffliche Ungreifbare, Übergegenständliche hin zu transzendieren.

Einen Übergang zwischen einem grobstofflichen Geruch und einer mehr atmosphärischen Geruchsqualität bildet der Duft, dem nicht das Riechen, sondern das „Schnuppern" zugeordnet ist. In diesem Sinn können wir in der Natur z. B. den Duft des Waldes oder des Meeres am Strand oder auch den „Duft der Weite" einer Ebene erschnuppern. Durch ihn hindurch können wir dann auch gelegentlich jene übersinnlich-sinnliche Qualität erleben, die in ihrem numinosen Charakter auf die jetzt erfahrene Präsenz eines größeren Lebens hinweist. So kann der rechte Umgang mit Geruch und Duft und atmosphärischen Geruchsqualitäten zu den meditativen Übungen gerechnet werden, die einen initiatischen Sinn haben und dem Fortschritt auf dem initiatischen Weg dienen.

3. Geschmack

Eng miteinander verbunden sind Geschmack und Geruch. Nicht umsonst unterscheidet man den Gourmet vom Gourmand, das Fressen vom Essen und den Feinschmekker von dem, der sein Essen mehr oder weniger unbewußt verschlingt; denjenigen, der Freude am Geschmack hat von demjenigen, der nur seinen Hunger stillt. Die Einladung, den übersinnlichen Sinn des Schmeckens zu erleben, erfahren wir noch beim Trinken eines guten Weines. Ja, schon ist das Wort „Trinken" zu stark, denn wenn man zum Schmecken eines edlen Weines ansetzt und unwillkürlich einen Augenblick beim Schnuppern verweilt und den Wein gleichsam auf der Zunge zergehen läßt oder „kaut", wird bei rechter Einstellung eine besondere Qualität erfahren. Der ganze Vorgang hat dann einen fast kultischen Charakter. Dies ist einer der wenigen auch noch in unsere Zivilisation hineinreichenden Fälle, in denen in einer Sinneserfahrung der numinose Charakter einer Sinnesqualität gesucht und „geschmeckt" wird.

Auch im Falle des Wahrnehmens von Geschmacksqualitäten hängt die Möglichkeit eines sich Hinspürens zur übersinnlichen Qualität von der Gesamteinstellung und Bereitschaft des Erlebenden ab. Es kann, wenn der Mensch sich die entsprechende Zeit nimmt, in allem Essen und Trinken erlebt werden. Je nach der Einstellung kann das bedächtige Kauen einiger Reiskörner zu einem tieferen Geschmackserlebnis führen als das Verschlingen eines köstlichen Bratens. Das „Schmecken" hat einen Bewährungsraum, der über das Aufnehmen von Speisen und Getränken hinausgeht. Nicht zufällig spricht der Mystiker von einem „Schmecken" des Göttlichen, wo es in seiner Präsenz erfahren wird; nicht zufällig spricht man davon, daß das Zusammensein mit einem bestimmten Menschen einen schlechten Geschmack hinterläßt, oder daß es einem in einer bestimmten Gesellschaft übel werden kann. Diese Übelkeit hat ihren Gegensatz in einem Wohlbefinden, dessen Wurzel auch ein Schmecken des Lebens ist. So mag auch einer, der sich wohlfühlt, sagen: Das Leben mundet mir. Und Meister Ekkehart sagt: Wer Gott auf der Zunge hat, dem schmecken alle Dinge nach Gott.

4. Tasten

Meine Hand liegt auf dem Tisch. Ich spüre mit meinen fünf Fingern das Holz. Da ist eine bestimmte Härte, Glätte und Wärme oder Kälte in eins – eine bestimmte Gesamtqualität, die ich spüre und dann auch feststellen kann. Ich bleibe bei dem Gespürten und rühre mich nicht. Ohne die geringste Bewegung bleibt die Hand auf dem Holz. Eine Fülle neuer Qualitäten taucht auf. Sie differenzieren die Wärme, die Glätte, die Härte. Zu den Fingerkuppen gesellen sich die Finger, belebt sich die Hand. Der Arm kommt hinzu, Oberarm und Schulter sind plötzlich beteiligt, die ganze Seite spricht mit, und schließlich bin ich als ganzer Mensch in den Fingern, die mir nun über das Tasten hinaus das Erlebnis einer Wirklichkeit vermitteln, die mit ihrem Charakter, ihrem Reichtum und ihrer Tiefe kaum noch etwas mit der anfänglich erlebten Tastqualität zu tun hat. Aber entstehen konnte sie nur aus dem Verweilen, dem unbewegten Liegenlassen der Hand auf dem Tisch. Bei langem Verweilen ist es auch, als ginge da ein Strömen aus meiner Hand in den Tisch, aus dem Tisch in meine Hand, ich und Welt in lebendigem Zueinander und Ineinander, darin das Große Dritte, von ferne zwar, aber unüberhörbar, anspricht.

Das Erleben taktiler Qualitäten hat sein reichstes und weitestes Feld in der mitmenschlichen Begegnung und der Berührung von Haut zu Haut. Angefangen vom flüchtigen sich die Hand Geben bis hin zur Haut-an-Haut-Erfahrung in der erotischen und sexuellen Begegnung breitet sich der unendliche Reichtum hier möglicher Erlebnisse aus. Sie führen von der wesenlos flachen Berührung und Erfahrung einer flüchtig gespürten Qualität bis hin zu einer Berührungstiefe, die das Erleben bis zu einer echten Seinserfahrung kommen lassen kann.

Nichts verbindet den Menschen so mit der Welt wie das Anrühren eines lebendigen Wesens, gehöre dies zur pflanzlichen, tierischen oder menschlichen Welt. Das Umfangen eines jungen Baumstammes mit beiden Händen, die Berührung mit dem Boden, auf dem man liegt, das Spüren des Wassers, das den Schwimmenden umspielt, das Zulassen des Naßwerdens im Regen, das Erfahren der Erde, sei es Sand, Stein, Gras oder anderes mit den nackten Füßen, das Wahrnehmen von Wind und Wetter überhaupt mit der Haut – all dieses sind Gelegenheiten, die, eine bestimmte Einstellung des Menschen vorausgesetzt, eine kosmische Verbundenheit vermitteln können. Die Menschen sind in verschiedener Weise ursprünglich dafür begabt, aber einmal auf die hier liegenden Möglichkeiten aufmerksam geworden, erweitert planmäßige Übung das Feld hier gegebener Möglichkeiten in unbegrenztem Ausmaß.

Wer einmal längere Zeit in einem Krankenhaus lag und dort die vorschriftsmäßig sterile Atmosphäre zu erdulden hatte, weiß um die befreiende Bedeutung der Hand, die ein Besucher ihm reicht. So auch der Therapeut, der gelegentlich das Gespräch unterbricht und seinem Patienten einmal beide Hände zu stillem Halten hinreicht.

Die Berührung Haut an Haut weitet den gespürten Lebensraum weit über den eigenen Körper hin aus. Ein Mensch spürt sich dann nicht nur im Kontakt mit dem anderen, sondern durch diesen Kontakt hindurch im Kontakt mit dem Leben überhaupt. Hierin liegt die Bedeutung des Handauflegens. Die Ärzte unserer Zeit haben die unmittelbar heilende Bedeutung des Handauflegens[14] – heilend nicht nur in einem physischen Sinn – weithin vergessen. Seine Wirkung ist oftmals stärker als die vieler Worte! Und vergessen ist wohl auch, daß die Herstellung des großen Kontaktes auch der Sinn des Handauflegens ist, mit dem ein Segen gespendet wird.

5. *Berührungsscheu*

Der Reichtum und der Segen, der aus dem sich Berühren kommen kann, wo Menschen miteinander sind, ist einer Menschheit versagt, in der einer den anderen nur noch objektiv wie einen Gegenstand wahrnimmt und manipuliert.

Je mehr Menschen sich „gegen"-seitig in ihren Rollen wahrnehmen, desto weniger erkennen sie einander wirklich als Menschen. Umso mehr auch scheuen sie die körperliche Berührung. Natürlich gibt es sie in Gestalt der die Liebe jeder Art begleitenden Zärtlichkeit. Aber gibt es darüberhinaus nicht den leiblichen Kontakt auch außerhalb einer ausgesprochenen Liebesbeziehung, den Kontakt, der ganz einfach eine mitmenschliche Zueinandergehörigkeit anzeigt? Dieser Kontakt legitimiert nicht nur eine Berührung des anderen, sondern legt ihn aus der Wahrheit heraus nahe. Und jede Berührung bedeutet oder schafft einen Kontakt nicht nur vom einen zum anderen, sondern schließt beide an ein Umfassenderes an, ja, kann die Zugehörigkeit zu einem größeren „Leib", einem kosmischen Leib, heilsam zum Bewußtsein bringen.

Weil die im Wesen begründete Nähe zum anderen nicht ihren gebührenden, auch leiblichen Ausdruck findet, sind wir umgeben von Menschen, die frustriert sind und frieren. Überall sind Hände da, die wie durch Gitterstäbe hindurch nach der Hand suchen, die sie liebevoll nimmt oder sich warm in sie hineinlegt. Wo das unvermutet einmal geschieht, sind plötzlich keine Gitter mehr da, und ein eingefrorenes Herz taut in einem Strom es warm durchflutenden Lebens auf. Wie selten ist das! Es geschieht mit Selbstverständlichkeit nur dort, wo ein Mensch unverstellt ganz einfach vom Wesen her *da* ist und sich getraut, die Wahrheit, die er im gespürten Einssein mit dem anderen *ist,* zu zeigen. Das freilich erfordert den Mut, über die lebenverhindernden Tabus einer Konvention hinwegzugehen, die die Berührung verbietet. Warum eigentlich? Vielleicht, weil mit ihr die trennende Wand fällt, die ein kleines Ich absichert und ein primitives Zugreifen verhindert, das derjenige zu fürchten hat, der, weil er selbst nicht das *Wesen* des anderen meint, eines distanzlosen Zugriffs fähig wäre.

Die Berührungsscheu ist häufig auch die Erscheinungsform einer neurotischen Absicherung. Welch beglückende, erlösende Wirkung kann dagegen ein Streichen über den Kopf haben oder ein die Hand auf die Schulter Legen, einem den Arm Geben oder ein ganz einfaches in den Arm Nehmen, alles, ohne etwas zu wollen, als Ausdruck und schlichtes Zeichen eines brüderlichen, vom Herzen getragenen Da-Seins, eines schwesterlichen Mit-Seins, eines menschlichen Zusammengehörens. Die allermenschlichste Gebärde, das sich Einsfühlen im Leibe, kann so zum Zeugen der Anwesenheit des Großen Dritten werden, des uns alle verbindenden WESENS, und es ruft ihn herbei.

6. Sehen

Schon das Sehen einer Farbe kann, wenn man dabei verweilt, bis in die Tiefen eines transzendenten Erlebens führen. Alles, was wir sehen, kann in der rechten Einstellung, wenn wir bei ihm verweilen, die Grenzen des gegenständlich Gesehenen durchbrechen. Im Einswerden mit dem Geschauten, in Überwindung des Abstandes zum gegenständlich Geschauten tritt das Übergegenständliche ins Innesein. Und wo dies wirklich gespürt wird, hat es eine numinose Qualität. Jedes echte Kunstwerk lädt zu diesem übergegenständlichen Schauen ein, denn nur dank einer Transparenz zum Transzendenten hin *ist* es ein Kunstwerk.

So wie in der Übung des unbewegten Leibes kann der Übende sich früher oder später auch im still verweilenden Schauen, das ihm erlaubt, das gegenständlich Gegebene zu durch-schauen, als zugehörig zu einem größeren, schließlich einem unendlichen Ganzen erfahren. In dem Maße, als der Mensch das Ganze, zu dem er gehört, erfährt, erfährt er sich selbst in seiner Mitte. Anders gesagt: Immer, wo der Mensch sich als gut „gemittet" (zentriert) erfährt, schwingt das Ganze, an dem er teilhat und das er also selbst in dieser Teilhabe ist, mit. Dieses Anklingen oder Mitschwingen des unendlichen Ganzen wird andeutungsweise immer dort erlebt, wo er die Schranken des Gegenständlichen durchbricht. Voraussetzung aber dafür, daß er es wirklich *erlebt,* ist die initiatische Grundeinstellung, das ununterbrochene In-der-Witterung-Sein.

Unendlich das Feld, das sich dem Suchenden und Übenden im Raum der Farben und Formen, im Raum des Sichtbaren erschließt. Die Möglichkeit, im initiatischen Sinne Frucht zu bringen, hängt mit der Kunst des Verweilens zusammen. Nur ein Beispiel: die verweilende Begegnung mit einer Rose:

Vor mir steht eine Rose. Ich schaue sie an – verweile im Anschauen. Ich bleibe bei ihr. Dann geschieht es: sie schaut mich an – überraschende Erfahrung. Die Rose ist zu einem Du geworden, das mich anschaut, wie ich sie anschaue. Ich verweile im unverwandten Anschauen. Mit einem Mal gewinnt das Erleben an Tiefe. Es ist, als dränge gleichzeitig der Blick der Rose in mein Wesen, ich fühle mich angerührt in der Tiefe und erfahre die Rose in ihrem Wesen. Verweile ich weiter im unbewegten Schauen, kann es geschehen, daß das, was ich als das Wesen der Rose, und die Weise, in der ich mich selbst im Wesen erlebe, in eins verschmelzen. Dann bin ich nicht mehr da, es ist keine Rose mehr da, nur ein uns verbindendes Vibrieren im Numinosen. Langsam kehre ich dann zurück in das Gegenüber von Ich und Du, zum Gegenüber von mir und dieser Rose. Ich bin wieder da, so wie ich vorher da war. Die Rose steht da, eine Rose – wie schön ist sie! Wenn ich nun sage: „Die Rose!" – welche Fülle, welche Tiefe, welcher Reichtum ist in dieser Aussage enthalten!

Die im wirklichen Verweilen einmündende Begegnung öffnet das Gegenüber zur Tiefe jener Wirklichkeit, die jenseits des Gegensatzes von hier und dort liegt. Wo das Übergegensätzliche mich berührt, ist die Erfahrung des Überweltlichen nicht fern und das Erlebnis des „Wortes", das alle Dinge beseelt, und das für den initiatisch Geöffneten als das eine Wort aus allem sprechen kann, nah. In diesem Erleben aber erfährt sich der Mensch selbst in der Tiefe seines Wesens. Es gehört die Schulung zu solchem Erleben zu den wesentlichsten Übungen auf dem initiatischen Weg.

Fragt man sich, ob es eine generelle Anweisung gibt zu

einem Verhalten, das die Erfahrung des Numinosen in der Begegnung mit der Welt begünstigt, so lautet die Antwort: Es ist das Verweilen. Für gewöhnlich hastet der Mensch, von irgendeinem Trieb oder Zielwillen gejagt, an dem ihm Begegnenden vorbei, kaum, daß er es wahrnimmt, beurteilt, für einen Augenblick zuläßt oder abwehrt – und schon ist er wieder am Weitergehen. So aber kann die Weisheit der Stille, aber auch das Lebendige aus der Tiefe des Seins nie zu ihm sprechen. Es bedarf, um in die Erscheinung treten zu können, der aufgeschlossenen Stille. Es ermöglicht sie das *Verweilen.* Der initiatisch Aufgeschlossene übt die Kunst des Verweilens. Sie ist zugleich die Kunst des sich Herausnehmens aus dem Gedränge oberflächlicher Berührungen. Es ist die Kunst des Abstandnehmens, im weiteren dann des Nach-innen-Horchens. Dieses Innen meint sowohl das Innen der Dinge wie seinen Widerhall in uns selbst. Dann verschmilzt das In-sich-Hineinhorchen mit dem Hineinhorchen in das andere. Diese drei also sind es, die geübt werden wollen, immer wieder: Verweilen, sich zurücknehmen und Hineinhorchen. In solchem Verhalten wächst die Übung der Sinne über den Raum der ihnen zugeordneten Qualitäten hinaus, hinein in das alles schauende,tastende, riechende, schmeckende, hörende Erkennen der sinnlich wahrnehmbaren Welt und erschließt sie in ihrem überweltlichen Wesen.

Der alte Satz: „Der Schöpfer ist in seinen Geschöpfen gegenwärtig“ wird, wo die Transzendenz zum Erleben des uns und alle Dinge verbindenden „Innen“ wird, zum Ereignis.

Zweites Kapitel

Tun als initiatisches Medium

Für gewöhnlich erscheint Meditation und meditatives Leben als mehr oder weniger unvereinbar mit dem tätigen Leben. Doch begreift man Meditation als Verwandlungsübung zur Einswerdung des Menschen mit seinem Wesen und zur Bezeugung dieser Einswerdung, so lassen sich unter den Begriff der Meditation alle Formen des Daseins, die diesem Sinn dienen, einordnen. Dazu gehört auch die in initiatischer Haltung geübte und vollzogene Leistung.

In allem Handeln liegt die Möglichkeit zu zweierlei Frucht: Die eine erscheint in dem, was beim Handeln herauskommt: das äußere Ergebnis der Leistung; die andere in dem, was dabei „hereinkommt": die innere Frucht der Leistung. Damit öffnet sich das Tor des Initiatischen auch allem *Tun*.

Die dem inneren Weg vor allem entsprechende Form des Bewußtseins ist die des inständlichen Spürbewußtseins. Das gegenständlich fixierende Bewußtsein steht der Wahrnehmung des Numinosen im Wege. So wird ein Tun sich nur in dem Maße zur Übung auf dem inneren Wege eignen, als das gegenständlich fixierende, von einem Willen gesteuerte, zielgerichtete Bewußtsein zurücktreten und einem inständlichen, von aller Willensgerichtetheit befreiten Bewußtsein den Vorrang geben kann. Das wird dann der Fall sein können, wenn es sich um ein „gekonntes“ Tun handelt, das gleichsam ohne Zutun des Tuenden in technisch vollendeter Weise ablaufen kann. So kann es den Weg frei geben für die Wahrnehmung der Tiefe im Spürbewußtsein.

Das Ergreifen dieser Chance, das Tun in den Dienst initiatischer Praxis zu stellen, kennzeichnet die Tradition der alt-japanischen Übungspraxis. Sie bediente sich zur Übung des inneren Weges ursprünglich vor allem der Kriegskünste: Bogenschießen, Schwertfechten, Speerstoßen. Sie waren das Feld, auf dem der Ritter sich auf dem inneren Weg übte (Bu-Do-Weg). Das Prinzip der initiatisch orientierten Leistung beseelte und beseelt bis heute in Japan das Blumenstecken, die Teezeremonie, das Schauspiel, Tanzen und Singen. Aber der zum Weg Erwachte vermag es auf alle Formen des Handelns anzuwenden. Das Grundprinzip ist das folgende:

Jede Handlung enthält eine Vielfalt technischer Einzelschritte, die im einzelnen und dann zu reibungslosem Zusammenspiel bis zur Perfektion, das heißt zur Möglichkeit eines automatisierten Ablaufs, geübt werden müssen. Ist das Ziel erreicht, kann der Übende sich seines gegenständlich fixierenden Bewußtseins entschlagen, und er braucht dann selbst zum Vollzug der Leistung nichts mehr zu „tun“. In dem Maße, als er seine Technik vollends beherrscht, braucht er auch keine Angst mehr zu haben, zu versagen. Er kann also sein von der Sorge um das Gelingen und der Angst vor dem Mißlingen bewegtes Ich fallen lassen. Er wird dies um so eher vermögen, als er als Sucher des Seins begriffen hat, daß er von seinem ehrgeizigen, Niederlagen und Versagen fürchtenden Ich lassen muß. Dann kann er endlich sein von seinem Ich gereinigtes Können einer tieferen Kraft in ihm zur Verfügung stellen, die dann ohne sein Zutun die gewünschte Leistung in vollendeter Reinheit vollbringt. Im Bilde des Bogenschießens gesprochen: Es geschieht das Treffen des Zieles ohne Zutun dessen, der schießt. Dies Eingreifen einer geheimnisvollen Kraft kann als Bezeugung immanenter Transzendenz erfahren werden. Wo es nicht ein einmaliges Erlebnis bleibt, kann es in der Wiederholung der fortschreitenden Vertiefung der Einswerdung mit dem Sein dienen.

Die Leistung zu einer initiatischen Übung zu machen, ist kein japanisches Privileg. Es handelt sich vielmehr um eine allgemeingültige Erfahrungsweisheit, die auf dem initiatischen Weg von größter Bedeutung ist. Sie kann überall Frucht bringen, wo der Mensch eine Leistung vollendet beherrscht, wenn initiatische Einstellung am Werk ist. Nur dann wird der Mensch die numinose Qualität wahrnehmen, die im Gelingen der Leistung verborgen ist. Ist einmal das Prinzip der vollendeten Leistung im Dienste der Wesensverankerung verstanden, so öffnet sich im Alltag ein großes Feld der Möglichkeiten, es für den Fortschritt auf dem inneren Weg fruchtbar werden zu lassen. Dazu gehört jedes sich in einem Beruf täglich wiederholende, vollends beherrschte Tun.

Das initiatische Bewußtsein gewinnt heute schnell an Boden. Sein Segen geht in immer mehr Herzen auf. Die Fülle der Möglichkeiten, in denen Seinsfühlungen und Seinserfahrungen den Menschen ergreifen und verwandeln können, wird unabsehbar. Alles hängt davon ab, in welchem Maße Menschen, die für das Schicksal anderer, ihre Bildung und Erziehung verantwortlich sind, selbst in initiatischer Einstellung leben und ihre initiatische Verantwortung für andere begreifen. Nur die immer noch herrschende Verblendung in einem rein pragmatisch oder ideologisch gefärbten Lebensbewußtsein läßt dies als eine

Utopie erscheinen. In Wahrheit ist die Wendung zum Initiatischen Ausdruck eines transzendentalen Realismus, darin der Mensch der Verankerung in der einzig haltbaren Realität, der des überweltlichen Lebens, den Vorrang gibt.

Ein besonderes Feld der Möglichkeit bildet der Sport. Unabsehbar die Folgen für die Entwicklung der Jugend, wenn gelehrt würde, den Sinn der Leistung nicht nur im äußeren Ergebnis, sondern im Glück einer inneren Erfahrung zu suchen, und der Lehrer es verstünde, den Sinn für die in diesem Glück liegende Berührung durch das Überweltliche bewußt wahrnehmen zu lassen.

Den Sinn des Tuns in seinen Möglichkeiten für den inneren Menschen zu suchen, enthält eine Forderung, die an jegliches Tun gestellt werden kann, so wie eine Chance in jedem Tun vorhanden ist, angefangen von den banalsten Handlungen des Alltags bis hin zur Ausübung jeglichen Kultes, so auch des Zelebrierens der Heiligen Messe. Es hängt vieles davon ab, ob der Priester die kultische Handlung bis in die Fingerspitzen hinein wie einen kultischen Tanz vollzieht und sich in initiatischer Haltung aus der Fühlung mit der ihm immanenten Transzendenz bewegt. Nur wo der Priester die heilige Handlung, die er täglich wiederholt, auch als Exerzitium, das auch ihn im Leibe verwandelt, begreift, wird er zu jener Transparenz seiner Gestalt gelangen, in der durch seine Gebärden hindurch das Geheimnis auch jenseits der Worte die anderen erreicht. Als ein sich Verwandelnder wird er ein Verwandelnder, das heißt zu einem lebendigen Medium der Verwandlung. Der Glaube an die Wirkkraft des Sakramentes wird dadurch nicht aufgehoben, sondern im Widerhall angerührter Seelen in tieferer Erfahrung verankert.

Drittes Kapitel

Wu-Wei

Unser Leben wechselt zwischen Augenblicken, in denen wir etwas tun, und solchen, in denen wir nichts tun. Es gibt aber ein Drittes: das Nicht-Tun im Tun wie im Nichts-Tun. Dieses Nicht-Tun im Tun wie im Nichts-Tun ist die geheime Brücke zu jenem Leben, das als Werden und Entwerden, als Aufgehen und Eingehen unabhängig ist von unserem Tun oder Nichts-Tun. Aus der Tiefe dieses Lebens auch wirkt das Gesetz des Seins in unserem Wesen. Es gibt eine Weise des Daseins, die diesem verbunden bleibt im Tun wie im Nichts-Tun. Es ist das wesensverbundene Nicht-Tun im Tun wie im Nichts-Tun. Der Chinese nennt es „Wu-Wei". Im Grunde ist beides, Tun wie Nichts-Tun, segensreich nur in dem Maße, als es das Wachsen aus der Tiefe nicht verhindert. Diese Gefahr droht dort, wo der Mensch allzu eifrig tätig ist, gleichgültig, ob er ichhaft oder selbstlos am Werk ist. Auch das Nichts-Tun kann, wenn es voll innerer Unruhe ist, die Präsenz aus der Tiefe verhindern.

Das Nicht-Tun ist Ausdruck für eine auch im bewegten Dasein durchgehaltene Präsenz aus der Stille des Seins und für eine auch im Nichts-Tun gewagte Verbindung mit dem schöpferisch bewegten Urgrund des Lebens. Das Sein ist jenseits von Tun und Nichts-Tun. Es gibt hier eine Haltung des Nicht-Tuns im Tun, darin das in uns zu der uns zugedachten Gestalt drängende Wesen als Maßstab, Sinn und Richtung ungestört bleibt in seinem nie nachlassenden stillen Drang zum Offenbarwerden. Seine Bewegung bleibt dann geschützt gegen die es unterdrückende Emsigkeit zielgerichteten Tuns in der Welt.

In jeder meditativen Übung – sei es im Za-Zen oder in einer aktiven Übung, in einer Leibesübung oder einer künstlerischen Tätigkeit – ist es möglich, dieses im Wachsenlassen aus dem Wesen sich bewährende Nicht-Tun durchzuhalten. Es ist die Weise, in der der Mensch dem initiatischen Sinn alles Tuns und Verhaltens offen bleibt und gerecht wird. Im Wu-Wei bleibt sein Sinn auf das Offenhalten des Tores zum Geheimen und für das Geheime gerichtet, das nach Bekundung und Bezeugung verlangt.

Wo das Wu-Wei ein Handeln trägt, herrscht Gelassenheit, denn in ihm läßt der Mensch sein eifriges Ich und überläßt seinem tieferen Selbst die Führung. Das Wu-Wei trägt auch das lebendige Wort. Das wesensgerechte Sprechen kommt aus einer Stille, die Resonanzboden ist für den tieferen Sinn des Wortes. „Das Wort, das trägt, kommt aus dem Schweigen“ (M. Picard). Im rechten Wort klingt jenes Schweigen mit, darin das Wesen west, dessen Wort im Geschwätz und Gerede der Welt verstummt.

Die Übung des Wu-Wei ist eine Übung des sich Zurücknehmens. Es ist ein sich Zurücknehmen aus der Identifikation mit der vordergründigen Wirklichkeit, bei der der goldene Faden, der uns mit dem Wesen verbindet, übermäßig angespannt ist oder gar reißt. Das hier zu übende sich Zurücknehmen aus der Welt ist zugleich ein Hinhorchen und sich Hintasten zum Wesen. Es ist eine besondere Kunst, die ständig auszuüben jedoch eine der Forderungen erfüllt, die mit der Entscheidung zum Weg gestellt sind. Wer sie beherrscht, erfährt immer wieder die

Bestätigung, daß aus allem, was einem begegnet, das Große LEBEN spricht und darauf wartet, wahrgenommen zu werden. Es ist das WESEN, das im eigenen Wesen wie in dem aller Dinge, seine je individuelle Weise hat, sich in einer raumzeitlichen Gestalt offenbaren zu wollen. Initiatisch leben heißt, sich in stetiger Verwandlung erkennend, liebend und gestaltend, im Dienste dieses WESENS–Willens zu bewähren.

Viertes Kapitel

Das Geführte Zeichnen

Zum Ganzsein des Menschen gehört die Unverstelltheit seiner schöpferischen Kräfte. Seit langem hat die Psychotherapie erkannt, daß das Entbinden schöpferischer Kräfte ein wesentlicher Faktor des Heilens ist. So finden immer mehr das Schöpferische im Menschen entbindende Praktiken Eingang in die Psychotherapie. Praktiken, die vor allem den spontanen Ausdruck zulassen, so als Improvisation im Tanz, als freies Malen, Zeichnen und Modellieren und auch im Musizieren. Dabei geht es nicht um eine gewollte Formung, nicht um eine ästhetisch gezielte Gestaltung, sondern um die spontane Bewegung, die den im Unbewußten gebundenen Kräften erlaubt, frei hervorzukommen und einen erlösenden Ausdruck zu finden. Der Sinn solcher Praktiken ist die Entbindung ursprünglicher Lebensgaben, deren Verhinderung die natürliche Entwicklung des Menschen verstellt. Tiefer angesetzt vermögen solche Praktiken neben der Befreiung gestauter Fülle das formierende Prinzip menschlicher Ganzheit zu befreien, so daß echte Kreativität entsteht.

Es ist beim Hinführen zu schöpferischer Gestaltung ein Unterschied, ob man den Sinn solchen Bemühens in einer fortschreitenden Fähigkeit zum Schaffen auch objektiv gültiger Formen sieht, oder aber diese in den Dienst der Selbstwerdung stellt. Das rechte Tun wird dann zum Medium des Werdens und erhält initiatischen Charakter. Solches Bemühen findet seine Krönung, wo es gelingt, die Entbindung unentwickelter oder unbewußter Kräfte des immanenten transzendenten Kernes wachzurufen. Die Erfahrung lehrt, daß gestalterische Möglichkeiten ihrer Ursprungsnähe wegen mehr als andere Leistungspotentiale zu Erlebnissen führen können, in denen der Übende sich selbst in der Tiefe seines Wesens erfährt. Die Voraussetzung dafür ist freilich, daß es ihm um dieses „Schmekken“ der Wahrheit geht oder er in einer Weise angeleitet wird, die solcher Erfahrung förderlich ist.

Eine Methode von exemplarischer Bedeutung ist das von Maria Hippius im Lauf vieler Jahre auch aus dem Umgang mit der Graphologie entwickelte „Geführte Zeichnen“.

In unveröffentlichten Texten findet es sich so ausformuliert: „Eine Methode des Zeichnens, die einem Setzen von Zeichen ähnelt. Die Instruktion legt es nahe, den Übenden planmäßig in Fühlung mit seinen männlichen und weiblichen Potentialen zu bringen und sie in ihrer verschiedenartigen Qualität auch zu unterscheiden. Es handelt sich um eine meditativ-aktive, evokative Methode, die den Übenden veranlaßt, vor-bildliche Ur-gebärden des Seins (gleich ‚Formeln‘ der Form, zu sein) ‚in die Sinne zu nehmen‘. Dabei kann der Schüler einen Prozeß gradweiser Weg- und Selbsterkenntnis durchlaufen, wobei sich sowohl sein Selbstbewußtsein als seine sinnliche Wahr-nehmungsfähigkeit ausdifferenzieren. Die Methode läßt zu, verborgene Energien, Zeugen der Fülle und potentieller Gestalten, aus dem Unbewußten auszulösen und dann zu integrieren.

Das Prinzip, das dieser Art ‚initiatischer Wegführung‘ zugrunde liegt, ist das folgende: Alles Geschaffene, so auch der Mensch, lebt und wird Gestalt unter der Wirkkraft von Bewegungen, durch die sich das Sein in vielgestaltiger Mannigfaltigkeit offenbart. Es gibt urbildliche Weisen, zu sein. Sie stecken keimhaft in uns. Ich kann sie wecken und werde dabei echter, voller, unbefangener, spontaner. Girlande und Arkade zum Beispiel – aus der Aufteilung des Kreises in waagerechter Richtung als Form herausgelöst – oder deren lineare Verbundenheit in der Wellen- oder Schlangenlinie, sind Formeln zu Formen, sind Urgebärden des Seins. Sie drücken ein Offensein, ein Empfangen aus oder – gegensätzlich dazu – ein sich Verbergen, sich Verschließen. Die Welle ist Sinnbild der Verwandlung im Auf und Ab von Zeit und Ewigkeit.

Weitere Urformen sind Spirale und Lemniskate, überhaupt die kreisenden Linienbewegungen. Diese mehr weichen, fließenden, unbegrenzten Formen haben vorwiegend weiblichen Charakter. Ihnen gegenüber haben die geraden Linien und eckigen oder begrenzenden Formen männlichen Charakter. Sie erscheinen als Senkrechte, Waagerechte, Pfeillinie, Strahl, als Winkel, Kreuz, Stern, Dreieck, Quadrat, ‚schwingende Geometrie' oder Punkt.

Der Übende erhält die Aufgabe, solch formelhafte Modelle ein- oder zweihändig auf kleineren oder größeren Papierbogen zeichnerisch zu wiederholen – bis zur vertiefenden Eigenläufigkeit des Vorgangs. Der zunehmende Einfleischungsprozeß, das Innehaben der eingeübten Urzeichen vermittelt eine sichtbar werdende Geläufigkeit und Selbstverständlichkeit, auch einen Gewinn an Bewegungs- und Formsicherheit. Die Folge ist, daß die automatisierte Wiederholung bestimmter Züge auch das Innere des Menschen ergreift und sich dabei differenziert, so daß sich über das ‚primäre' Tun hinaus eine schöne und individuierte Zeichensprache ergibt, die dann auch einen künstlerischen Rang gewinnen kann.

Solches Zeichnen führt – und dies ist sein eigentlicher Sinn – zu einer Selbsterfahrung und möglicherweise auch zu Vollzügen, die eine persönliche Wandlung einleiten können. Ihr archetypischer Charakter setzt vielfach eine höher potenzierte Erlebnislage (‚Kraftbündelung‘) frei. Oder sie ermöglicht ‚Aha‘-Erlebnisse, die zu einleuchtenden Wendepunkten werden, indem sie Wesens- und Seinsqualitäten bewußtseinsnahe machen.

Die Manifestation des schöpferischen Wesenskernes führt, wo der Übende am Zeichnen bleibt, zu dem gestalterischen Ausdruck einer ‚ab ovo‘ Entwicklung. Der graphische Niederschlag eines Durchbruchs zum Kern und ein „Neuwerden“ aus ihm findet in der Zeichnung einen evidenten Ausdruck. Es ist, als arbeite ein geheimer Baumeister ‚am Plan‘, und die Architektur der Seele und deren weisheitsvolles Kräftespiel tut sich unverkennbar hervor[15]. Die Erfahrung dieser geheimnisvollen Wirkkraft bringt die Möglichkeit einer Selbstgestaltung mit einfachen und didaktisch zuverlässigen Mitteln zum Bewußtsein. Spontan erfährt der Übende die lösende und formierende Kraft des Kerns, wenn er lernt, durch die Rückgebundenheit an die Licht- und Schattenseiten seines Unbewußten mit seinen eigentlichen Kräften ‚ins Spiel‘ zu kommen. Vorgänge dieser Art finden in überschaubaren Bildfolgen ihren sichtbaren Niederschlag. Sie geben einen Überblick über den Weg, den man genommen, den Ursprung und die Metamorphosen der psychischen Kraft.

Das Zusammenspiel von nüchtern-heiligem, exerzitienmäßigem Tun und dem, was aus der Tiefe in die Wahrnehmung kommt und Ereignis wird, dient der bewußten Entfächerung der Komplexität des seiner selbst zunächst noch nicht bewußten Menschen. Es kann sich ein Weg- und Gestaltgewissen in ihm bilden, und er kann das anwenden lernen, was ihn im Grunde bestimmt."

Eine Leistung in den Dienst des Werdens statt in den Dienst des Werkes zu stellen, ist ein Prinzip, dessen Anwendung auf dem initiatischen Weg in ein weites Feld der Möglichkeiten führt. Dazu gehören alle Bereiche werkbezogenen und künstlerischen Tuns.

Eine besondere Möglichkeit bietet, wie das Malen und Zeichnen, der freie Umgang mit Ton-Erde. Wo dieses Tun, statt auf ein vorgestelltes Gebilde zu zielen, den Händen freien Spielraum läßt, kann das Handhaben der Ton-Erde in initiatische Tiefe führen. Über das Hervorkommen von Gebilden, die verdrängte Kräfte ausdrükken, hinaus können archetypische Formen wach werden bis hin zum Anklingen des metaphysischen Wesens.

Aber auch, wo die Arbeit mit Ton-Erde dem Schaffen eines gültigen Werkes dient, kann diese in einem Sinn vollzogen werden, der, insbesondere wo die Wiederholung gleichförmiger Bewegungen eine entscheidende Rolle spielt, initiatische Bedeutung erlangen kann – dort nämlich, wo vollendete Technik im initiatisch Gepolten der kreativen Bewegung einen numinosen Charakter verleiht. Vorausetzung ist auch hier, daß der Schaffende nicht nur sein Werk, sondern sein inneres Werden ernst nimmt.

Fünftes Kapitel

Wesenserfahrung am Instrument

Wer auch nur in geringem Maß ein Instrument zu spielen weiß, Geige, Cello oder Flöte, hat damit ein Mittel in der Hand, sich in der Übung immer mehr an eine Schwelle heranzuarbeiten, deren Überschreitung ein initiatisches Erlebnis vermitteln und so eine bewußte Verbindung mit dem eigenen Wesenskern herstellen kann. Diese Erfahrung, auf die es uns ankommt, kann vorbereitet werden sowohl in der Bemühung um den „reinen Ton" als in der Übung von Rhythmen, wenn ihr Vollzug in langer Wiederholung immer deutlicher den Unterschied erleben läßt zwischen bloßer Fertigkeit und innerer Präsenz.

Am Anfang eines musikalischen Übens steht der natürliche Wunsch, „gut" zu spielen. Es ist das Bestreben, das Instrument technisch zu beherrschen, möglichst rein zu spielen und endlich ein kleines oder größeres musikalisches Werk so wiederzugeben, wie es objektiv richtig ist und der Intention des Komponisten entspricht. In solchem Üben liegt der Akzent auf dem Werk. Der Übende und sein Tun stehen in seinem Dienst.

Etwas ganz anderes ist es, wenn der Sinn des Übens primär in einer Förderung des eigenen Selbst-Werdens bis hin zur Transparenz gesucht wird. Hierzu gehört als erstes die Übung des reinen Tones als Spiegel eigener Reinheit oder Unreinheit, das heißt personal richtiger oder falscher

Weise, da zu sein. Das Interesse für die Qualität dessen, was gleichsam losgelöst vom Spielenden als Ton oder Werk herauskommt, bleibt zwar immer notwendig. Es kann aber auch zurücktreten vor dem nunmehr vorrangig werdenden Interesse an der Weise, in der der Spielende da ist. Er kann als Schüler auf dem initiatischen Weg seinen Ehrgeiz für das vollkommene Werk zurücktreten lassen hinter das Bemühen, sich seines musikalischen Tuns als eines Instrumentes zur Selbstfindung und Entwicklung zu bedienen. Dieses erfordert vom Übenden den Versuch, nicht nur etwas richtig machen zu wollen, sondern vor allem, selbst richtig da zu sein. Richtig, das heißt in der rechten Weise geerdet, im Hara, befreit von einem ängstlichen, Fehler fürchtenden Ich. Und er muß lernen, das, was tönend hervorkommt, als Spiegel der Weise zu sehen, in der er selbst als Person da ist. So darf er nicht nur auf den Ton horchen, sondern muß in sich hineinhorchen, oder richtiger noch, auf das horchen, was der Ton über ihn selbst aussagt. Dann genügt für das Üben schon das Spielen kleiner Passagen oder einzelner Töne. Dabei kann bald deutlich werden, daß die Unreinheit des Tones nichts mehr mit der bloßen Technik zu tun hat, sondern mit der Einstellung des Übenden und seiner Weise, da zu sein.

Der Übende kann früher oder später entdecken, daß sich im Klang mehr widerspiegelt als ein mehr oder weniger vollendetes Können, ja, daß schon in der Weise, eine Technik zu üben, die rechte innere Haltung verfehlt oder gefunden werden kann. Er muß lernen, zu bemerken, daß er letztlich nicht den Ton als etwas von ihm Abgelöstes macht, sondern selbst in der Qualität des Tones tönt, das heißt selbst der Ton ist. Der Ton wird also auch die Kraft, Fülle und Transparenz haben, in der er selbst im Spielen da ist. Dann wird technisches Können schließlich das Mittel sein, die von allem Ehrgeiz und aller Ängstlichkeit befreite Präsenz aus dem Wesen widerzuspiegeln. Mit diesem Spiegel vor dem inneren Ohr kann die Übung immer mehr durch das Bemühen um die Behebung noch vorhandener kleiner Unreinheiten des Tones zur Bereinigung der inneren Haltung führen. So kann der Übende in der Übung den Weg finden weg vom Ehrgeiz einer vollendeten Leistung, hin zum ungemachten Ausdruck einer Präsenz aus dem Wesen. Dann werden auch die Augenblicke, in denen das Wesen aus dem reinen Ton spricht, immer wieder den Charakter bewegender, beglückender und bisweilen sogar erschütternder Seinsfühlungen haben. Das Üben nimmt immer mehr zu an initiatischer Bedeutung. Der Übende erfährt sich selbst und reift an seinem Instrument. Er reift auch über den Leib, denn unfehlbar wird er die Erfahrung machen, daß nur, wenn er in der rechten Mitte, d. h. im Hara da ist, ihm auch während des Spiels eine Präsenz und ein Spiel aus dem Wesen möglich ist. Dieses wiederum kommt dann naturgemäß auch der Wiedergabe des Werkes zugute.

Jedes Werk, das den Rang eines Kunstwerks beansprucht, hat diesen nur kraft seiner Transparenz zu einem überweltlichen Sein. Diese Transparenz wird nur der Künstler erreichen, der selbst transparent geworden ist. Umgekehrt aber wird die die Gültigkeit eines Werkes begründende Transparenz zu der verpflichtenden Kraft für den, der sich der Wiedergabe oder dem Schaffen eines Werkes hingibt. Im Künstler begegnen sich die Forderung zur transzendentalen Transparenz, die er in sich selbst erfährt, mit der, die ihm das Werk auferlegt. Das Werk wird Ausdruck und Medium des rechten Selbstwerdens.

Der Erfahrung des Wesens im Wege stehen die wohleingespielte Fassade und die hinter ihr verborgenen Schattenkräfte. Das Spielen von Rhythmen, die vorgegeben oder aber selbst erfunden sein können, beispielsweise auf einer Trommel, kann den Übenden in überzeugender Weise zum Erleben der drei Ebenen führen, in denen der Mensch da sein kann: in seiner Fassade, in der er sich mehr oder weniger sicher und selbstgefällig in der Welt bewegt; hinter seiner Fassade als Gefüge von Kräften, die von ihr in Schach gehalten, verdrängt sind, aber nur auf eine Gelegenheit warten, hervorzubrechen. Das ist der Mensch, wie er versteckt hinter der Fassade *tatsächlich* ist, der Wolf, die Hexe. Aber der, der er *eigentlich* ist als der, der er vom Wesen her ist, ist noch ein anderer. Eben dieser kann ins Bewußtsein treten, wo der Übende einmal dem, der er tatsächlich ist, die Möglichkeit gab, herauszuplatzen. All dies kann im Spiel, so etwa in der Übung an der Trommel, erfahren werden: Das wohlgefällige Trommeln eines Rhythmus' kann abgelöst werden durch ein Zulassen der im wohldisziplinierten Spiel gestauten und auf eine Explosionsmöglichkeit wartenden Triebkräfte – seien dies die dunklen Kräfte verhaltener Aggressionen oder, nicht weniger oft, die lichten Kräfte eines nicht zugelassenen Ausdrucks von Kraft und Überschwang. Dabei kann das Spiel unwillkürlich in eine tiefere Dimension gleiten, in der hauchzart oder aber gewaltig das eigene Wesen sich manifestiert. So kann eine Übung an der Trommel initiatische Bedeutung gewinnen.

Dem in unseren Tagen allseitig festgelegten Menschen, dessen Ausdrucksbewegungen im Sprechen, Tun und sich Verhalten in feststehenden Formen und Formeln echte Spontaneität verbieten, bietet die Kunst einen heilsamen Ausweg: die Improvisation. In der Improvisation öffnet sich ein reiches Feld von Möglichkeiten, sich selbst zu begegnen. Wiederum wird es darauf ankommen, dieses

Selbst in zwei Ebenen zu suchen: in der der natürlichen Gaben und der Erfindung neuer Ausdrucksformen oder aber in spontanen Äußerungen des übernatürlichen Wesens, das auch die „Dissonanz", das Abweichen von herkömmlicher Harmonie nicht scheut und das Un-erhörte zuläßt.

Die hier aufgezeigte Möglichkeit, daß der Übende die Übung an einem Instrument in den Dienst des eigenen Werdens stellt, öffnet jedem Musiklehrer neue Horizonte. Sie zu erkennen und auszuschreiten, wird das Leben von der fast alle Musiklehrer überschattenden Tragik befreien. Sie besteht darin, daß sein Schüler, wenn er nur begrenzt begabt ist, in der Bemühung um technische Vollkommenheit ermüdet und mangels wirklicher Begabung und Disziplin doch nie ein Meister wird. Wenn er aber Zeichen großer Begabung gibt, wird er seinen Lehrer früher oder später verlassen, um zu einem großen Meister zu gehen. Ein Musiklehrer aber, der selbst zum Initiatischen erwacht ist und gelernt hat, dem inneren Werden den Vorrang zu geben vor dem Können, ja, der es versteht, schon ein begrenztes Können in den Dienst des Werdens zu stellen, entdeckt darin eine beglückende Chance, die Arbeit am Menschen, der ihm anvertraut ist, in den Vordergrund zu stellen. Um sie fruchtbar zu gestalten, bedarf es nicht einer eminenten Begabung und schließt auch einen Übungsdrill aus, der nichts als die technische Vollendung im Sinne hat.

Das dem Menschen mitgegebene tönende Instrument ist die eigene Stimme, und er kann sich ihrer wie eines Instrumentes zu besonderer Übung bedienen. Er kann z. B. lernen, einzelne Töne so zu summen oder zu singen, daß alle, eine falsche Ich-Beteiligung anzeigende Unreinheit aus ihnen verschwindet und den Wohlklang als Ausdruck zunehmender Transparenz anzeigt. Diese Übung ist mehr als nur eine technische Übung. Das Timbre des begnadeten Sängers ist mehr als das Zeugnis vollendeter Technik. Es ist Ausdruck einer Präsenz aus dem Wesen. Wer nicht zu dieser Transparenz gelangt, bemüht sich vergebens, es zu gewinnen.

Sechstes Kapitel

Die Stimme

Wer einmal auf dem Weg der Verwandlung angelangt ist, gewillt und entschieden, jedes Mittel und jede Gelegenheit zu nutzen, seinem wahren Selbst näher zu kommen, wird früher oder später entdecken, daß er das vielleicht wichtigste Medium zur Kontrolle seiner Haltung und zur Erkenntnis seiner Fehlhaltungen in seiner eigenen Stimme besitzt. In der Stimme offenbart sich der Mensch in seiner jeweiligen Einstellung und Haltung und in dem Maße seiner Durchlässigkeit. Wer lernt, auf sie zu horchen, sich ihrer als Spiegel der Wahrheit zu bedienen, hat ein unersetzliches Medium der Selbsterkenntnis und Selbstübung auf dem Wege.

In der Stimme äußert sich untrüglich die Ebene, aus der heraus man spricht. Nicht nur der andere, auch man selbst kann aus ihr vernehmen, in welcher Weise man vom Wesen her da ist oder aber in einer das Wesen verdeckenden Weise im Welt-Ich befangen. Diese Befangenheit kann durch Augenblicksumstände verursacht sein oder aber eine generelle Haltung bekunden. So gibt es die flache und konventionelle Stimme des sich gesellschaftlich Anpassenden und die dunklere, tiefe Stimme des einsilbigen, mehr in sich Gekehrten. Bei der für den inneren Weg geforderten Kontrolle ist auf diejenigen Variationen der Stimme zu horchen, die mit der Befangenheit oder Aufgeschlossenheit gegenüber dem Wesen zusammenhängen. Nicht der ästhetisch zu bewertende Wohlklang der Stimme ist von Bedeutung, sondern ihre Transparenz. Diese kann auch in der heiseren oder rauchigen Stimme eines alten Menschen vorhanden sein, während das ölige, wohlige Getön geschulter Stimmen, in denen der Sprecher sich gleichsam badet, alles andere als transparent ist. Die zu hohe Stimme ist Ausdruck für eine Getrenntheit von der Tiefe unseres Selbstes; die flache Stimme Ausdruck einer Unbeteiligtheit. Dies kann augenblicksbedingt sein oder auch die generelle Haltung eines Menschen, der sich nicht engagiert, anzeigen. Es gibt auch die zaghafte, etwas zu leise Stimme, in der sich sowohl eine gewisse Angst vor der bedrohlichen Welt, als auch Scheu vor wesensgemäßer Selbstbekundung ausdrücken kann.

Die auf dem initiatischen Weg entscheidenden Variationen der Stimmqualität erweisen das Maß und die Beständigkeit der zum Wesen hin gewonnenen Durchlässigkeit. Wo ein Mensch in seinem Welt-Ich befangen ist, hat sein Atem den falschen Schwerpunkt. Er liegt zu weit oben, und dann sitzt auch die Stimme falsch: sie sitzt zu hoch, klingt beengt, flach, spitz, unsicher oder auch hohl und zeigt in alledem an, daß der Mensch noch nicht in die seinem Wesenspotential entsprechende Form und Freiheit gelangt ist; oder daß er im Augenblick, sei er ärgerlich oder verlegen, schüchtern oder erbost, aggressiv oder zurückweichend, aus seiner Mitte herausgerückt und von seinem Wesen getrennt ist. Ist der Mensch einmal zu seinem Wesen hin erwacht, ruft ihn das Bewußtwerden solcher Abweichungen in sein Wesen zurück, immer vorausgesetzt, daß er in initiatischer Grundeinstellung lebt.

In der Qualität und der Tonlage der Stimme werden auch die Schattenkräfte vernehmbar. Verdrängte Aggressionen, uneingestandene Schuld, nicht zugegebene Sorge, verhaltene Wünsche und Ansprüche, unbefriedigte Triebe, nicht eingestandenes Macht- und Geltungsbedürfnis etc. spiegeln sich in der Qualität, im Rhythmus, in der Höhe, in der Freiheit oder Beengtheit, auch in der Intensität der Sprechstimme. Wer lernt, auf seine Stimme zu achten, vernimmt in ihr seinen inneren Meister. Im bewußten Üben, Handhaben und Korrigieren der Stimme kann der sich selbst Suchende an den Bedingungen arbeiten, unter denen er in die eigene Wahrheit kommt und sich der Einswerdung mit dem Wesen nähert.

Siebtes Kapitel

Initiatische Arbeit am Leib

Die Wendung zum Initiatischen kommt heute auch in neuen Weisen der Leibtherapie zum Ausdruck. Bisher war sie einseitig beherrscht von pragmatischen Gesichtspunkten und diente der Erhaltung und Wiederherstellung von Gesundheit und Arbeitskraft. Ihre Übungen erforderten vor allem einen disziplinierten Willen des Patienten zur Leistung. Mit dem Auftauchen des initiatischen Anspruchs körperlich leidender, aber auch ebenso kerngesunder Menschen entwickelt sich eine Arbeit am Leibe, die nicht die Leistungsfähigkeit, d. h. den leistungsfähigen Körper – man ist versucht zu sagen: den Außenleib –, sondern die Innengestalt des Menschen, den Innenleib, im Auge hat. Er ist die Weise, in der der Mensch sich als mehr oder weniger fern oder nahe zu seinem Wesen darlebt. So tritt beispielsweise an die Stelle der Massage des Körpers die Behandlung des Menschen. Immer beginnt sie mit einer Anleitung zur Selbstwahrnehmung, zu einem Spüren nach innen, das bis zu großer Perfektion der Wahrnehmung aller großen und kleinen Spannungen führen kann, die dem wesensgemäßen Leben des Leibes im Wege stehen. Die Auflösung von Fehlformen darf nicht nur der Wiederherstellung der Leistungsfähigkeit und die Arbeit an der rechten Form nicht nur der schönen Gestalt, sondern beides soll dem Transparentwerden des Leibes zur

Möglichkeit der Selbsterfahrung im Wesen und seiner Manifestation in einer dem Inbild gemäßen Gestalt dienen. Hier liegt die Bedeutung der Eutonie als Schulung zu differenzierter Selbstwahrnehmung. Und auch das autogene Training von I. H. Schultz kann über seinen pragmatischen Nutzen hinaus, den Menschen vor den Schäden des Stresses unserer Zeit zu bewahren oder von ihnen zu heilen, zur Vorbereitung auf Seinsfühlungen und Seinserfahrungen dienen, wenn die initiatische Einstellung hinzukommt.

So auch kann die Leibtherapie, wo sie sich der Bewegung und der Gebärde bedient, als Bewegungs- und Tanztherapie eine neue Bedeutung gewinnen, wenn sie in initiatischer Einstellung ausgeübt wird. Auch hier hängt wieder alles davon ab, ob sich der Lehrende des Unterschiedes zwischen pragmatischer (wie auch ästhetischer) und initiatischer Orientierung seines Tuns bewußt ist und wie weit er seinen Schüler nicht nur als einen werdenden Könner, sondern vor allem als eine zur Transparenz bestimmte Person im Auge hat. Er muß selbst die erste Voraussetzung erfüllen, in unablässiger Arbeit an sich selbst zu stehen. Unabsehbar wäre der Segen, wenn diese Einstellung im Bereich des Sportes[16] ihren Einzug hielte. Wer einmal sich des Segens bewußt wurde, der aus allem Tun fließt, das aus initiatischer Einstellung vollzogen wird, erschrickt angesicht der Einseitigkeit, mit der im Bereich des Sportes nur die Höchstleistung den Maßstab gibt und den Sinn aller Übung bestimmt.

Wo immer eine sportliche Leistung technisch beherrscht wird, besteht die Möglichkeit, daß ihr Vollzug die Erfahrung einer tieferen Kraft auslöst und eine numinose Qualität verspürt wird. Nur freilich, wo der Übende solche Erfahrung ernst zu nehmen gelernt hat, kann sein sportliches Üben und Können in einem tieferen Sinne fruchtbar werden für sein weiteres Leben.

Was in der personalen Leibtherapie als besondere Praxis gelehrt und geübt werden muß und besonderen Lehrern vorbehalten ist, ist im Prinzip jedem als Chance und Aufgabe zugedacht, der sich auf dem initiatischen Weg befindet. Keinen Augenblick seines Daseins ist der sich zum WEG Bekennende entlassen aus der Verantwortung für die Weise, in der er als Person da ist: zu seinem Wesen hin durchlässig oder verstellt. Und es kennzeichnet die neue Einstellung zum Leibe die Wende zum Initiatischen, die begonnen hat, den Menschen unserer Zeit zu ergreifen, wo immer er zu denen gehört, in denen die Neue Zeit aufgeht.

Epilog

Wird die zukunftsträchtige Generation unserer Zeit begreifen, was auf dem Spiel steht? Wird sie erkennen, daß ein neues Zeitalter anbricht, darin nach Jahrhunderten zunehmender Verdunkelung die Morgendämmerung eines neuen Weltentages sichtbar wird? Wird sie den Mut haben, die Tempel einstürzen zu lassen, in denen falschen Göttern gehuldigt wurde, die verlangten, die Meisterung der Welt höher zu stellen als das Reifen der Seelen? Wird sie den Mut haben, dort wo das göttliche WESEN aller Dinge zur inneren Erfahrung wird, ihm mehr zu vertrauen als Formen der Wahrheitsverkündung, die sie nicht mehr versteht? Wird sie begreifen, daß es nicht nur um die Befreiung des Menschen zum Göttlichen hin, sondern um eine Befreiung des Göttlichen in den Menschen hinein geht; daß der Mensch ein Gefangener der Welt ist, weil er Gott in sich nicht freigibt?

Was auch immer heute an vernichtenden Mächten auf uns zukommen mag: Umsturz der gesellschaftlichen Ordnungen, Zusammenbruch der wirtschaftlichen Mächte, atomare Zerstörung der Erde – von all dem unberührt wartet das göttliche Sein immer darauf, entdeckt zu werden als der unzerstörbare Kern in jedem Menschen. In aller Zerstörung der Welt kann das Licht nicht erlöschen, das, wo immer ein Mensch zum Wesen erwacht und den

Weg der Verwandlung beschreitet, alles verwandelnd den Umkreis erleuchtet, weil dann der Same des göttlichen Seins in einem reif und mündig gewordenen Menschen aufgeht.

Gelingt die Wende auch nur in Wenigen wirklich, bricht die Neue Zeit an, die Wiederentdeckung des Heiligen Geistes. Ihm das Tor zu öffnen in uns und in der Welt, das meint: Initiatisch leben.

Anmerkungen

1 Vgl. *Julius Evola*, Über das Initiatische, in: Antaios, Bd. V, Nr. 4.

2 Vgl. *Rudolf Otto*, Das Heilige (München: Beck 1971).

3 Vgl. *Rudolf Hippius*, Über das erkennende Tasten (Neue psychologische Studien, hrsg. von Felix Krüger, München 1934).

4 Vgl. *K. Graf Dürckheim*, Überweltliches Leben in der Welt. Der Sinn der Mündigkeit (München: O. W. Barth ^{2}1972).

5 Vgl. *W. Schubart*, Religion und Eros (München: Beck o. J.); *Julius Evola*, Metaphysik des Sexus (Stuttgart: Klett).

6 Vgl. *Erich Neumann*, Tiefenpsychologie und neue Ethik (Zürich: Rascher und München: Kindler Taschenbücher Geist und Psyche, Bd. 2005, o. J.).

7 Vgl. *K. Graf Dürckheim*, Durchbruch zum Wesen (München: O. W. Barth ^{6}1975).

8 Vgl. *K. Graf Dürckheim*, Japan und die Kultur der Stille (München: O. W. Barth ^{5}1971); *ders.*, Wunderbare Katze und andere Zen-Texte (München: O. W. Barth ^{3}1975).

9 Vgl. *K. Graf Dürckheim*, Hara. Die Erdmitte des Menschen (München: O. W. Barth ^{7}1975).

10 Vgl. *K. Graf Dürckheim*, Der Alltag als Übung (Bern: Hans Huber ^{4}1972).

11 Vgl. *Philip Kapleau*, Die drei Pfeiler des Zen. Lehre – Übung – Erleuchtung (München: O. W. Barth ^{2}1972); auszugsweise wiedergegeben in: *Graf Dürckheim*, Wunderbare Katze (s. oben Anm. 8).

12 Vgl. *Hoseki Shinichi Hisamatsu*, Die Fülle des Nichts (Pfullingen: Neske).

13 Vgl. *P. Emmanuel von Severus*, OSB, Der hl. Ignatius als Lehrer des betrachtenden Gebetes, in: Geist und Leben 29 (1956) 277-283.

14 Vgl. *Dominik Leupold*, Das Handauflegen. Eine ärztliche Urgebärde in Geschichte und Gegenwart (Dissertation, Basel 1976).

15 Vgl. *Maria Hippius*, Aus der Werkstatt, in: Transzendenz als Erfahrung, Festschrift zum 70. Geburtstag von Karlfried Graf Dürckheim (München: O. W. Barth 1966).

16 Vgl. *K. Graf Dürckheim*, Sportliche Leistung – Menschliche Reife (Frankfurt a. M.: Wilhelm Limpert ^{3}1969).

Veröffentlichungen des Verfassers

Japan und die Kultur der Stille (Weilheim: O. W. Barth 1950, ^{7}1981).

Im Zeichen der Großen Erfahrung. Studien zu einer metaphysischen Anthropologie (Weilheim: O. W. Barth 1950; 3., vom Verfasser neu bearbeitete Ausgabe, München 1982).

Durchbruch zum Wesen. Aufsätze und Vorträge (Bern: Hans Huber 1954, ^{7}1982).

Erlebnis und Wandlung. Neue Aufsätze und Vorträge (München: O. W. Barth, erweiterte Neuausgabe ^{2}1982).

Hara. Die Erdmitte des Menschen (Weilheim-München: O. W. Barth ^{9}1981).

Der Alltag als Übung. Vom Weg zur Verwandlung (Bern: Hans Huber 1970, ^{7}1983).

Zen und wir (Weilheim: O. W. Barth 1961; 3., erweiterte Aufl., München 1982).

Wunderbare Katze und andere Zen-Texte (Weilheim: O. W. Barth 1964, München ^{5}1982).

Sportliche Leistung – Menschliche Reife (Frankfurt a. M.: Wilhelm Limpert ^{3}1969) (vergriffen).

Überweltliches Leben in der Welt. Der Sinn der Mündigkeit (Weilheim: O. W. Barth 1968, ^{2}1972) (vergriffen).

Der Ruf nach dem Meister. Der Meister in uns (Weilheim: O. W. Barth 1972, München ²1974 [vergriffen]; München: Heyne 1983 [Heyne-Taschenbuch]).

Der Mensch im Spiegel der Hand. In Zusammenarbeit mit Ursula v. Mangoldt (Weilheim: O. W. Barth ²1966) (vergriffen).

Transzendenz als Erfahrung. Beitrag und Widerhall. Festschrift zum 70. Geburtstag von Graf Dürckheim. Hrsg. von Maria Hippius (Weilheim: O. W. Barth 1966) (vergriffen).

Der Weg, die Wahrheit, das Leben. Erfahrungen auf dem Weg zur Selbstfindung. Gespräche über das Sein mit Alphonse Goettmann (München: O. W. Barth 1979); Neuausgabe: *Mein Weg zur Mitte* (Freiburg i. Br.: Herder 1985 [Herderbücherei, Bd. 1129]).

Vom doppelten Ursprung des Menschen. Als Verheißung, Erfahrung, Auftrag (Freiburg. i. Br.: Herder 1973, ⁹1985 [Herderbücherei, Bd. 480]).

Meditieren – wozu und wie. Die Wende zum Initiatischen (Freiburg i. Br.: Herder 1976, ⁹1986).

Mächtigkeit, Rang und Stufe des Menschen (Freiburg i. Br.: Aurum 1978, ²1983).

Übung des Leibes auf dem inneren Weg (München: Martin Lurz 1978, ²1981).

Der zielfreie Weg. Im Kraftfeld initiatischer Therapie. Hrsg. von K. Graf Dürckheim (Freiburg i. Br.: Herder 1982).

Von der Erfahrung der Transzendenz (Freiburg i. Br.: Herder 1984).

Vom gleichen Autor ist im Verlag Herder erschienen:

Karlfried Graf Dürckheim

Von der Erfahrung der Transzendenz

Das Einswerden des Menschen mit seinem innersten Wesen und die von dorther erst mögliche Urerfahrung des Göttlichen sind das Sprungbrett in eine Wirklichkeit, in der ein neues Leben anfängt. Das ist der Grundgedanke dieses Buches, in dem Karlfried Graf Dürckheim die Summe seiner Erfahrungen und Grundanliegen vorlegt. In der Hektik unseres technischen und vielfach von der Ratio bestimmten Zeitalters entdeckt er trotz allem hoffnungsvolle Anzeichen für eine Begegnung mit dem wahren Wesen des Menschen. Hier liegt für ihn die Möglichkeit zur Befreiung von der Angst vor dem Tod, vom Zweifel am Sinn des Lebens und von der Trostlosigkeit der Einsamkeit. Lebendige Religiosität ist für Dürckheim Ausdruck persönlicher Fühlung mit dem Überweltlichen in uns. Wo diese Fühlung lebendig ist, wird Transzendenz zur Erfahrung. – Ein Buch, das dem Menschen hilft, zu seinem Wesen und damit zur Reife zu gelangen.

2. Auflage, 240 Seiten, Paperback. ISBN 3-451-20289 1

Verlag Herder Freiburg · Basel · Wien

Karlfried Graf Dürckheim

Vom doppelten Ursprung des Menschen

Als Verheißung, Erfahrung, Auftrag

Reduziert zum Funktionär einer eigenläufig nach eigenen Gesetzen wachsenden und wuchernden „Konsum- und Leistungsgesellschaft", hat der Mensch des Westens den inneren Weg in einem Ausmaß verfehlt, daß nunmehr die Rebellion der Tiefenschichten seiner Seele eine weltgeschichtliche Wendung seiner geistigen Entwicklung zu erzwingen beginnt. Zum ersten Mal in der Geschichte verwandelt sich ihm auf breiter Front das „Reich, das nicht von dieser Welt ist", aus einem Gegenstand bloßen Glaubens in einen Quellbereich nüchtern anzunehmender Erfahrungen, die bislang von Vertretern der glaubensfernen Naturwissenschaften und erfahrungsfernen Vertretern des Glaubens als subjektive Fehlerquellen objektiver Erkenntnis und gültigen Glaubens abgewertet wurden. Und nunmehr wird die Transparenz für die uns immanente Transzendenz zur Sinnmitte geistlicher Übung. Menschliche Reife ist kein Privileg östlicher Weisheit.

Herderbücherei Band 480
10. Auflage, 272 Seiten, kart. lam., ISBN 3-451-01980-9

Verlag Herder Freiburg · Basel · Wien